これだけ押さえておけば大丈夫！

軽貨物運送業
運営・管理
ハンドブック

一般社団法人全国軽貨物協会初代理事
株式会社IKU　代表取締役
社会保険労務士
内藤由紀子 著

まえがき

　物流は日本経済を回す血液だとよく言われます。まるで血管を通って栄養素を体に循環させる血液のように、様々な地域で作られた農産物や工業製品、原材料やエネルギーにいたるまで、あらゆるものがトラックをメインに輸送され、経済活動になくてはならない役割を担っているからです。そのなかで軽貨物運送業は細かい毛細血管を流れる血液の役割を担っています。目に見えないほど細かい血管だけれども、そこを流れる血流がとまってしまえば末端まで栄養が届かなくなるように、軽貨物運送業がなければ末端の経済活動が立ち行かなくなります。

　私が運送業界に入った20数年前、まだ運送業界は稼げる業界でした。私が勤めていた運送会社の営業所にあった営業ドライバーの募集看板に「初任給60万円」と書かれていたのを今でも覚えています。残業時間の上限もまだなく、超長時間労働が当たり前、そのかわり給料はいい、といった感じでした。そして軽貨物運送業という仕事を知ったのもその営業所での仕事によってでした。

　私の仕事は2トンや4トン車を運転する営業ドライバーではなく、自分の車を持ち込んで配達を請け負う軽貨物ドライバーと関わることが多い仕事でした。当時は職人肌の軽貨物ドライバーも多く、何年も同じエリアを担当して、営業担当の社員ドライバーより担当エリアのことを詳しく知っている人もたくさんいました。大雪でも大雨でも、東日本大震災があったときでも配送はとまらず、その最前線で配達をしていたのが軽貨物ドライバーでした。スポットライトは当たらないけれど、毎日誰かが待っている

荷物を届ける仕事、彼らがいなければ届かない荷物がたくさんあると実感する日々でした。

　それから現在に至るまでの間に、一般貨物については安全対策がどんどん強化され、残業規制を含め、ドライバーの健康管理についても厳格化されてきました。しかし軽貨物運送業界については、ほとんど注目されることもなく、外部から実態がわからないブラックボックスと化していました。

　しかし、ここ数年、軽貨物運送事業者による重大事故の急増が問題視されるようになりました。ちょうどコロナ禍あたりから増えているようです。私見ですが、コロナ禍で職をなくした人が参入し、またこの時期に前後して大手ＥＣ事業者が自前の配送網の構築を進めるなかで個人事業者の軽貨物ドライバーを大規模に集めるなど、今まで運送業と縁のなかった人の参入が急増したのではないかと考えます。

　私の実感として、コロナ禍以前は、一般貨物運送業や大手宅配会社での勤務経験があって、軽貨物運送業を始める人が多く、軽貨物を始めるときには基本的な運転技術や安全に対する知識をもっていることが普通でした。しかしコロナ禍以降、運送事業者としてもっているべき基本的な知識や技術を習得する機会のないまま、個人事業主として軽貨物運送業を始めてしまう人も多く、そのためせっかく始めても続けることが難しく、事業を辞めてしまう人がとても多いと感じています。

　せっかく縁あって軽貨物運送業界に入り、がんばろうとしているのに、技術や知識がないために続けられないのはとても残念でもったいないことです。

今回の法改正を、プロドライバーとしての知識と技術を身につけることができる機会ととらえ、前向きに対応することで、軽貨物業界全体の安全やコンプライアンスに対する意識の向上につながることを期待しています。

　本書は、軽貨物運送業を営む上で知っておくべき義務事項を網羅した実務書になります。シチュエーションごとに行うことなどを分けて掲載してありますので、必要なところから読んでいただき、実務に役立てていただければ幸いです。

2025 年 3 月

社会保険労務士

株式会社 IKU　代表取締役

内藤由紀子

まずはこちらのチャートに沿って、あなたが知りたいところから読んでください。

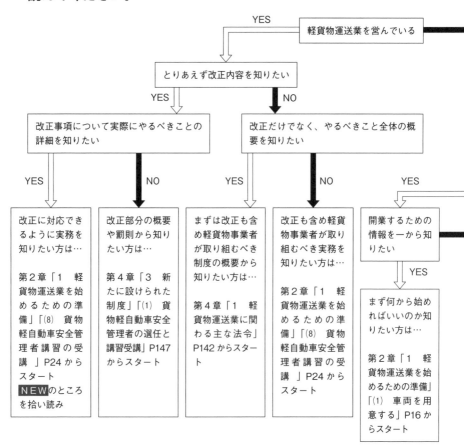

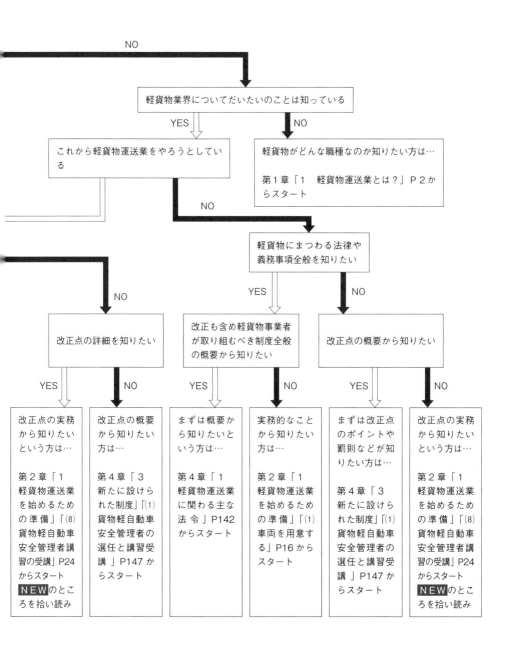

目 次

第1章　軽貨物運送業を取り巻く現状

1　軽貨物運送業とは？ ……………………………………………… 2
- (1)　トラック運送業には種類がある …………………………… 2
- (2)　軽貨物運送業はどんな仕事？ ……………………………… 3
- (3)　新規参入しやすい軽貨物運送業 …………………………… 4
- (4)　軽貨物運送業の事業者は個人事業主が多い ……………… 4

2　最近の軽貨物運送業についての傾向 ………………………… 6
- (1)　宅配便ニーズの急増 ………………………………………… 6
- (2)　軽貨物運送事業者数増加と交通事故の増加 ……………… 8
- (3)　軽貨物運送業への安全対策の強化 ………………………… 11

第2章　シチュエーション別軽貨物運送事業者の実務編

1　軽貨物運送業を始めるための準備 …………………………… 16
- (1)　車両を用意する ……………………………………………… 16
- (2)　貨物軽自動車運送事業用車両として届け出ることができる車両 …………………………………………………… 17
- (3)　車体表示をする ……………………………………………… 19
- (4)　車庫、休憩施設を用意する ………………………………… 19

⑸　各種保険への加入 ……………………………………… 20

⑹　運送約款をつくる …………………………………… 20

⑺　運賃を決める ………………………………………… 22

⑻　NEW 貨物軽自動車安全管理者講習の受講 ………… 24

　①　貨物軽自動車安全管理者になるための要件 …………… 24

　②　指定講習の種類 ………………………………………… 25

　③　講習の主な内容 ………………………………………… 25

　④　講習の受講方法 ………………………………………… 26

2　軽貨物事業の経営の届出・黒ナンバー取得の手続き ……………………………………………………… 28

⑴　運輸支局での手続き ………………………………… 28

　①　貨物軽自動車運送事業経営届出 ……………………… 29

　②　NEW 貨物軽自動車安全管理者選任届 ……………… 33

⑵　軽自動車検査協会での手続き ……………………… 38

3　乗務する前までに行うこと ……………………… 42

⑴　NEW 貨物軽自動車運転者等台帳の作成 …………… 42

⑵　NEW 初任診断の受診と初任運転者への特別な指導
……………………………………………………………… 44

　①　初任診断の受診 ………………………………………… 45

　②　初任運転者への特別な指導の実施 …………………… 46

　③　運転者台帳への記録と保存 …………………………… 48

⑶　ドライバーの事故履歴の把握 ……………………… 48

4　乗務開始後、日常的に行うこと ……………… 50

vii

(1)	勤務時間・乗務時間の管理	50
(2)	日常点検	66
(3)	点　呼	68
①	業務前点呼	68
②	業務終了後点呼	69
③	一人で事業を行っている場合の点呼	70
④	宿泊を伴う運行等で遠隔地での点呼方法	70
⑤	アルコール検知器の備え付け	70
⑥	中間点呼	71
⑦	IT 点呼（遠隔点呼・自動点呼）	71
⑧	点呼簿への記録と保存	71
(4)	過積載の防止	73
(5)	道路の通行禁止や制限の違反防止	74
(6)	NEW 業務記録（日報）の作成・保存	74

5　交通事故があったときに行うべきこと …………… 78

(1)	事故現場で行うこと	78
(2)	NEW 事故記録の作成	78
(3)	NEW 国土交通大臣への事故報告	81
(4)	NEW 事故の速報	85
(5)	NEW 事故惹起運転者に対する特別な指導と適性診断受診	85
①	特定診断の受診	86
②	事故惹起運転者への特別な指導の実施	88
③	運転者台帳への記録と保存	89

6　必要な時期に定期的に行うべきこと ····················· 91
(1)　一般的な指導及び監督 ··································· 91
(2)　**NEW** 65 歳以上のドライバーに対する特別な指導
と適齢診断 ··· 93
①　適齢診断 ··· 94
②　特別な指導 ··· 94
③　運転者台帳への記録と保存 ····························· 95
(3)　健康診断 ··· 97
(4)　定期点検 ··· 97

7　事業についての変更があったときに行うこと ··· 98
(1)　住所等の変更・車両台数変更・廃業 ······················· 98
①　運輸支局等での手続き ··································· 98
②　軽自動車検査協会での手続き ····························· 100

8　個人事業主として労働災害に備える ··············· 101
(1)　労働災害特別加入制度（一人親方労災）とは ········ 101
(2)　補償の対象となる範囲 ····························· 101
(3)　保険料 ··· 102
(4)　加入方法 ··· 103

9　運送業務を外部へ委託する ························· 108
(1)　業務委託契約を取り交わす ························· 108
(2)　偽装請負に注意する ····························· 108
(3)　フリーランスに対する義務 ························· 109

第3章　従業員を雇う

1　求人募集についてのルール ……………………………… 112
(1)　差別の禁止 ……………………………………………… 112
(2)　求人の虚偽記載の禁止 ………………………………… 112
(3)　募集時の労働条件の明示 ……………………………… 112

2　雇入れ時にやること …………………………………… 113
(1)　労働契約を結ぶ ………………………………………… 113
① 労働条件として明示しなければならない事項 …………… 113
② 労働契約に盛り込んではいけない事項 …………………… 113
(2)　労働保険への加入 ……………………………………… 114
① 労災保険 ……………………………………………………… 114
② 雇用保険 ……………………………………………………… 114
(3)　健康保険・厚生年金保険への加入 …………………… 115

3　労働条件について …………………………………………… 116
(1)　労働時間・休憩・休日 ………………………………… 116
① 労働時間・休憩・休日の基本的なルール ………………… 116
② 時間外労働・休日労働 ……………………………………… 117
(2)　賃　金 …………………………………………………… 126
① 最低賃金 ……………………………………………………… 126
② 賃金の支払い方の4原則ルール …………………………… 126
③ 減給制裁の制限 ……………………………………………… 127

④　割増賃金 ……………………………………………………… 127

⑤　休業手当 ……………………………………………………… 128

⑶　年次有給休暇 …………………………………………………… 128

①　年次有給休暇の日数と付与要件 ………………………… 128

②　年次有給休暇の時季指定義務 …………………………… 129

③　休暇時の賃金について …………………………………… 129

4　安全衛生と労災の防止 ……………………………… 131

⑴　定期健康診断の実施 …………………………………………… 131

①　雇入れ時の健康診断 ……………………………………… 131

②　定期健康診断 ……………………………………………… 131

⑵　従業員が仕事でケガや病気をした場合 …………………… 132

5　仕事と家庭の両立 …………………………………… 133

①　出　産 ……………………………………………………… 133

②　育児休業 …………………………………………………… 133

③　介護休業 …………………………………………………… 134

6　雇用契約の終了 ……………………………………… 135

①　従業員からの申出（退職）……………………………… 135

②　会社からの申出（解雇）………………………………… 135

③　契約期間満了による契約の終了 ………………………… 136

④　離職の手続き ……………………………………………… 137

7　運送事業者として科される行政処分 ……………… 138

第4章 軽貨物運送業に関わる法令と制度改正

1 軽貨物運送業に関わる主な法令 ················· 142
　(1) 貨物自動車運送事業法 ························· 142
　(2) 貨物自動車運送事業法施行規則 ················· 142
　(3) 貨物自動車運送事業輸送安全規則 ··············· 143
　(4) 自動車運転者の労働時間等の改善のための基準（改善
　　　基準告示） ································· 143
　(5) 道路交通法 ······························· 143
　(6) 道路運送車両法 ··························· 144
　(7) 自動車点検基準 ··························· 144

2 行政処分の種類 ··························· 145
　(1) 車両使用停止（処分日車数制度） ··············· 145
　(2) 事業停止 ································· 146

3 新たに設けられた制度 ····················· 147
　(1) 貨物軽自動車安全管理者の選任と講習受講 ········· 147
　　① 貨物軽自動車安全管理者選任要件 ············· 147
　　② 貨物軽自動車安全管理者講習と定期講習の受講 ····· 148
　　③ 貨物軽自動車安全管理者の選任（解任）と届出 ····· 148
　(2) 業務記録（日報）の作成・保存 ··············· 150
　(3) 事故記録の作成・保存 ····················· 151
　(4) 国土交通大臣への事故報告 ················· 151

⑸　貨物軽自動車運転者等台帳作成、備え付け ………… 152

⑹　特定の運転者への指導・監督及び適性診断の受診

　　………………………………………………………… 153

　　①　初任運転者 ……………………………………… 154

　　②　事故惹起運転者 ………………………………… 157

　　③　高齢運転者 ……………………………………… 160

　　④　記録と保存 ……………………………………… 161

4　引き続き軽貨物運送事業者が実施するべき事項

………………………………………………………………… 163

⑴　貨物軽自動車運送事業の手続き ……………………… 163

　　①　事業の開始の届出 ……………………………… 163

　　②　届出内容の変更（廃止・譲渡・分割・合併・死亡）… 165

　　③　運賃料金の変更 ………………………………… 166

　　④　自動車の車体表示 ……………………………… 167

　　⑤　自動車の保管場所（車庫）の確保 …………… 167

⑵　輸送の安全 ……………………………………………… 168

　　①　過労運転の防止 ………………………………… 168

⑶　点検整備 ………………………………………………… 173

　　①　日常点検 ………………………………………… 173

　　②　定期点検 ………………………………………… 174

　　③　点検整備記録簿 ………………………………… 174

　　④　整備管理者の選任 ……………………………… 175

⑷　安全運転管理者の選任 ………………………………… 176

　　①　要　件 …………………………………………… 176

　　②　安全運転管理者等の業務 ……………………… 177

　　③　選任の届出 ……………………………………… 178

④　貨物軽自動車安全管理者との兼務 ……………………… 178

⑸　過積載の防止と積載方法 ……………………………… 179

⑹　通行の禁止又は制限等違反の防止 ………………… 179

⑺　点　呼 …………………………………………………… 180

⑻　一般的な指導及び監督 ………………………………… 181

⑼　異常気象時等における措置 …………………………… 181

⑽　乗務員の義務 …………………………………………… 182

⑾　運転者の義務 …………………………………………… 182

第5章　知っておきたい
その他の制度

1　荷主勧告制度 ………………………………………… 186

①　荷主が勧告をされる荷主行為 ……………………… 186

②　荷主勧告の対象となる荷主 ………………………… 187

③　勧告・公表 …………………………………………… 188

2　下請法 ……………………………………………… 189

⑴　親事業者、下請事業者とは？ ……………………… 189

⑵　親事業者の義務 ……………………………………… 190

①　書面による取引内容の交付義務（3条）………… 190

②　取引に関する書類の作成・保存の義務（5条）…… 190

③　支払期日を定める義務（2条の2）……………… 190

④　遅延利息の支払い義務（4条の2）……………… 190

⑶　親事業者が下請事業者へ禁止されている主な行為

xiv

（4 条）……………………………………………………… 190

⑷　違反行為への取り締まりと罰則（6 条、7 条、9 条、
10 条）…………………………………………………… 191

3　フリーランス保護法 ……………………………………… 192

⑴　法律の適用範囲 …………………………………………… 192

①　対象となる取引 ……………………………………… 192

②　この法律でいうフリーランスとは？ …………………… 192

③　この法律でいう発注事業者とは？ ……………………… 193

⑵　発注事業者への主な義務 ……………………………… 193

①　書面・メール等による取引条件の明示（3 条）………… 193

②　報酬支払期日の設定・期日内の支払い（4 条）………… 194

③　禁止事項（5 条）……………………………………… 194

④　募集情報の的確な表示（12 条）……………………… 194

⑤　育児介護等と業務の両立に対する配慮（13 条）……… 195

⑥　ハラスメント対策に関する体制整備（14 条）……… 195

⑦　中途解除等の事前予告・理由開示（16 条）………… 195

⑶　違反についての申出 …………………………………… 195

⑷　違反があった場合の罰則 ……………………………… 197

4　事業用自動車の共同使用 …………………………… 198

第 6 章　軽貨物運送業の今後 205

●義務事項確認チェックシート

新たに設けられた義務事項		参考ページ
☐	貨物軽自動車安全管理者講習の受講 NEW	P24
☐	貨物軽自動車安全管理者の選任・届出 NEW	P33
	特定運転者への指導・適性診断の受診 NEW	
☐	初任運転者	P44
☐	事故惹起運転者	P85
☐	高齢運転者	P93
☐	運転者等台帳の作成 NEW	P42
☐	業務記録（日報）の作成・保存 NEW	P74
☐	事故記録の作成 NEW	P78
☐	国土交通大臣への事故報告 NEW	P81
☐	事故の速報 NEW	P85

引き続き実施するべき義務事項		参考ページ
☐	運転者の勤務時間の管理	P50
☐	運転者の健康状態の把握	P97
☐	日常点検・整備	P66
☐	点呼	P68
☐	過積載の防止	P73
☐	一般的な指導・監督	P91
☐	定期点検	P97

事業規模により実施すべき義務事項		参考ページ
☐	整備管理者の選任	P175
☐	安全運転管理者の選任	P176

第 1 章

軽貨物運送業を
取り巻く現状

> この章では、軽貨物運送業とはどんな事業なのか、また、軽貨物運送業を取り巻く状況や問題点などをお話します。

1 軽貨物運送業とは？

(1) トラック運送業には種類がある

　他人の依頼を受け、運賃をもらって自動車で貨物を運ぶ事業を、一般的にトラック運送業と呼んでいます。軽貨物運送業はトラック運送業の中の一つです。

　トラック運送業は、正式には貨物自動車運送事業といい、「貨物自動車運送事業法」という法律のなかで、

① **「一般貨物自動車運送事業」**

② **「特定貨物自動車運送事業」**

③ **「貨物軽自動車運送事業」**

の３種類に分けられています。

　① **「一般貨物自動車運送事業」** は、「他人の需要に応じ、有償で、自動車（三輪以上の軽自動車及び二輪の自動車を除く）を使用して貨物を運送する事業であって、特定貨物自動車運送事業以外のもの」（２条２項）と定義されていて、他人からの依頼を受け、運賃をもらって、軽自動車や二輪自動車以外の自動車を使って荷物を運ぶ事業のことをいいます。

　② **「特定貨物自動車運送事業」** は、「特定の者の需要に応じ、有償で、自動車（三輪以上の軽自動車及び二輪の自動車を除く）

を使用して貨物を運送する事業」（2条3項）と定義されていて、軽自動車や二輪自動車以外の自動車を使って、特定の一荷主の自家輸送を荷主に代わって代行輸送する事業のことをいいます。

　③**「貨物軽自動車運送事業」**は、「他人の需要に応じ、有償で、自動車（三輪以上の軽自動車及び二輪の自動車に限る）を使用して貨物を運送する事業」（2条4項）と定義されていて、他人からの依頼を受けて、運賃をもらい、軽自動車やバイク（二輪自動車）を使って荷物を運ぶ事業のことをいいます（本書では、「貨物軽自動車運送事業」を「軽貨物運送業」と表記します）。
　一般貨物運送事業や特定貨物運送事業（以後、一般貨物運送業等といいます）は、輸送能力や車両規模が大きく、事故やトラブルが起きた場合の人的、物的また社会経済へ与える被害が大きくなるため、貨物自動車運送事業法をはじめとする法令のなかで、様々な厳しい規制が設けられています。軽貨物は、輸送能力や車両規模が小さく、社会経済に与える影響が少ないことから、一般貨物運送業等に比べると規制は穏やかです。ちなみに、徒歩や自転車、原付自転車で行う運送業はこの法律の対象外です。

⑵　軽貨物運送業はどんな仕事？

　軽貨物運送業は、軽トラックや軽バン、バイクなどで配送するので、小回りの利く配送を得意としています。そのため、商店、個人宅などへの小ロットの配送や単身向けの引っ越しなどに需要があります。またラストワンマイル配送と呼ばれる、最終配送拠点からエンドユーザーへの配送の多くを担っているのが軽貨物運

1　軽貨物運送業とは？　3

送業です。特に近年は通販などの利用拡大に伴って宅配便需要が増加しているため、都市部を中心に軽貨物運送業の需要が高まっています。

⑶　新規参入しやすい軽貨物運送業

　トラック運送業のなかで、軽貨物運送業は新規参入しやすい事業です。

　一般貨物運送業等は様々な規制があり、事業を始めるにあたっては、国土交通大臣の許可を受けなければなりません。許可申請するためには、例えば、事業用車両5台以上、運転者等の人員は5名以上を確保しなければならないなど、他にも様々な要件をクリアする必要があります。また申請してから許可されるまでにはだいたい半年程度はかかります。

　一方、軽貨物運送業は、事業用軽自動車が1台、運転者も1人から始めることができます。以前は軽トラックや軽バンなど貨物用車両の使用しか認められていませんでしたが、令和4年10月からは軽乗用車も事業用車両として使用できるようになり、さらに事業を始めやすくなりました。また届出制なので、届出が受理されれば、すぐに事業を始めることができます。資金面も中古の軽自動車を購入できる程度の資金があればよいので、小規模な企業や個人でも比較的簡単に始めることができます。

⑷　軽貨物運送業の事業者は個人事業主が多い

　軽貨物運送業は個人事業主が多い業種です。

4　第1章　軽貨物運送業を取り巻く現状

先にも述べたように、軽貨物運送業は事業を始める手続きが簡単で、準備期間も短く、初期費用や車両等の維持費も一般貨物運送業等に比べ格段に安く済みます。そのため、個人事業主として始めやすいのです。

　また、軽貨物運送業のビジネスモデルが個人事業として小規模に行うのに向いているということもあります。軽貨物運送業が必要とされるのは、積み荷が少量の配送や、一か所当たり1個の荷物を多数箇所に配達するなど手間がかかる配送の場合など大型トラックでの配送に不向きな場面です。こういった仕事は法人としてより個人のほうがフレキシブルに動きやすく、また利益になりやすい場合が多くあります。

　さらにＩＴ技術の発達により、従来のように、ある程度決まった取引先から仕事を受注するというやり方以外に、プラットフォーム上で様々な仕事を受注することができるようになりました。そのため、自分の都合にあわせて働くことも可能になり、様々な環境の人が参入しやすい業種になってきています。

2 最近の軽貨物運送業に ついての傾向

(1) 宅配便ニーズの急増

　近年、一般家庭のネット環境が整備されたことや、スマートフォンが普及したことで、ネット通販などＥＣ（電子商取引）を利用した買い物がとても身近なものになりました。注文もワンクリックで簡単に済むので、今までは実店舗で購入することが多かった生鮮食品や日用品、家電や家具などありとあらゆるものをネットやアプリで注文することが当たり前になり、ＥＣ市場はどんどん拡大しています。

　また、従来のＥＣはB to Cと呼ばれる企業と個人間の取引が主でしたが、フリマやオークションサイトなどの利用が一般化したことで、C to Cと呼ばれる個人対個人の取引も多くなりました。経済産業省の調べによると物販系B to C－ＥＣ市場は2023年では14兆6,760億円、C to C－ＥＣ市場は2兆4,817億円に上ります（図表1－1、1－2参照）。

　ＥＣ市場の伸びに合わせて、ニーズが増え続けているのが宅配便です。

　宅配便とは、荷主から預かった荷物を、個人宅やオフィスなどの指定された場所にドア to ドアで届けるサービスです。

　令和5年度の宅配便取扱個数は、50億733万個でした（「令

図表1-1 物販系分野のBtoC市場規模及びEC化率の経年推移

図表1-2 CtoC-EC 推定市場規模

	2022年	2023年
CtoC-EC	2兆3,630億円	2兆4,817億円

出典：経済産業省 商務情報政策局 情報経済課「令和5年度　電子商取引に関する市場調査報告書」令和6年9月。

和5年度宅配便等取扱実績関係資料」国土交通省）。平成21年度の31億3,700万個と比較して、約62％の増加率です。またこの数字には、ＥＣ企業などが独自に配送している荷物の個数は含まれていません。昨今は宅配便企業を通さず、ＥＣ事業者が独自で配送網をつくり、配送を行っている場合も多く、実際の宅配便個数はさらに増加していると予想されます。

　これらＥＣ市場で取引される商品は、全国に張り巡らされた物

流網を使ってエンドユーザーのもとに届けられますが、ＥＣ市場の広がりに合わせて、配達方法も多様化してきました。従来のように、大型物流倉庫から商品を発送するだけではなく、例えばネットスーパーなどは、利用者がネットで注文した商品を、最寄り店舗から利用者宅に届けます。こうすることで注文を受けてから配達が完了するまでにかかる時間を短くし、生鮮食品などを新鮮なうちに利用者に届けることができるようにしています。

　宅配便のような個人宅や小さなオフィス宛の配達は、配達先はたくさんあるけれど、各配達先に届ける荷物は１〜２個という小単位の配達で、しかも住宅地や商店街などに配達することが多く、小回りがきく軽貨物運送業がとても重要な役割を担っていることから、軽貨物運送事業の需要が急増しています。

⑵　軽貨物運送事業者数増加と交通事故の増加

　宅配便ニーズの増加に伴い、軽貨物運送事業者数も増加の一途をたどっています。国土交通省の調べによると、令和２年の全国の事業者数は17万6,859者で、５年後の令和６年には23万4,625者に増加しており、５年間で５万7,000者も増えています。毎年１万者ずつ増えている計算になります（図表１－３、１－４）。

　このように軽貨物運送事業者数が増加しているなかで、事業用貨物軽自動車による交通事故の増加も目立つようになりました。
　このことを重くみた国土交通省は、軽貨物運送業の適正化にむけて、「貨物軽自動車運送事業適正化協議会」を令和５年１月に

図表1－3　貨物軽自動車運送事業者数

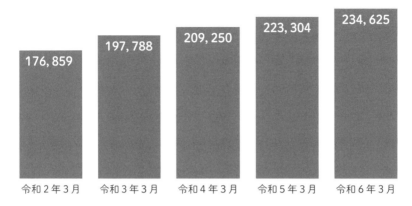

国土交通省物流・自動車局貨物流通事業課　調べを基に作成。

図表1－4　令和4年度　貨物自動車運送事業車両数

令和6年3月31日現在

	一般貨物	軽貨物
事業者数	57,459	234,625
車両数	1,455,913	358,173
一事業者当たりの車両数	25.3	1.5

国土交通省物流・自動車局貨物流通事業課調べを基に作成。

発足しました。その第1回協議会において、事業用軽貨物自動車による交通事故の発生状況や傾向などが報告されました。その中で、平成28年と令和3年を比較したところ、死亡・重傷事故などの重大事故件数は39.6%増加しており、また事故の主な原因としては「追突」、「出会い頭衝突」の事故が多く、軽貨物以外の事業用自動車と比較して、「人との事故」の件数の割合が大きくなっていることが指摘されました（図表1－5）。

2　最近の軽貨物運送業についての傾向　　9

図表1－5　保有台数1万台当たりの事業用貨物自動車の死亡・重傷事故件数の推移

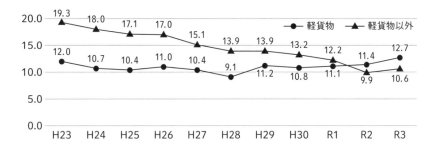

	平成28年	令和3年	平成28年→令和3年
軽貨物	9.1	12.7	**39.6％増**
軽貨物以外	13.9	10.6	23.9％減

出典：「第1回 貨物軽自動車運送事業適正化協議会」資料2、p4

　事業用軽貨物自動車は、生活道路や市街地の人通りが多い道路を走行することが多く、特に宅配便の配達では、短い間隔で発進と停止を繰り返し、終日配達するとその回数は100回を優に超えるような運転になります。また最近はスマホにアプリをいれて、そのアプリ内の地図や配送指示などを確認しながら配達することも多くなったため、運転中に、ついスマホの画面に気をとられてしまうということも起こりがちです。

　また運送業界全体を通して、ドライバーの健康面に起因する事故は増加傾向にあります。原因としては長時間労働や健康管理に対する意識不足、ドライバーの高齢化などが挙げられます。特に個人事業主が多い軽貨物運送業においては、労働時間や健康管理

は自己管理が求められます。しかしながら現状ではそういった点はおざなりにされている現実があります。

⑶ 軽貨物運送業への安全対策の強化

　元々事故リスクが高い環境下にある軽貨物運送業ですが、それだけではなく、一般貨物運送等の事業者と比べ、軽貨物運送事業者は、守るべき法令が遵守されていないという傾向があります。

　国土交通省が令和5年3月に実施した個人事業主である軽貨物運送事業者への実態調査によると、運行管理（酒気帯びの確認を含めた点呼の実施等）を「実施していない」は25％、日常点検および12カ月ごとの定期点検を「実施できていない」「実施していない」が30％程度あったという結果がでています。この調査は首都圏や近畿圏の個人事業主である軽貨物運送事業者に対して行われたものですが、3割程度の事業者が法令で定められた安全対策を実施していないことになります。

　また同調査では、「個人事業者も点呼が必要なことを知らなかったため実施していない」という回答が15％、「拘束時間、休息期間等の基準を知らなかったため、遵守していない」が14％あり、そもそも運送事業者として知っておくべき法令を知らない個人事業主が一定数いることも浮き彫りになりました（図表1－6）。

図表1−6　法令遵守状況

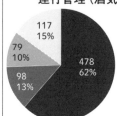

運行管理（酒気帯びの確認を含めた点呼等）の実施　　n=772
- 実施している　478　62%
- ある程度実施している　98　13%
- 点呼が必要なことは理解しているが実施していない　79　10%
- 個人事業者も点呼が必要なことを知らなかったため、実施していない　117　15%

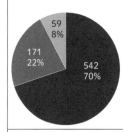

日常点検の実施　　n=772
- 実施している　542　70%
- 点検整備が必要なことは理解しているが、実施できていない　171　22%
- 点検整備が必要なことを知らなかったため、実施していない　59　8%

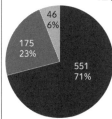

12ヶ月ごとの定期点検の実施　　n=772
- 実施している　551　71%
- 点検整備が必要なことは理解しているが、実施できていない　175　23%
- 点検整備が必要なことを知らなかったため、実施していない　46　6%

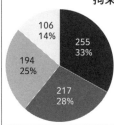

拘束時間、休息期間等の遵守　　n=772
- 遵守している　255　33%
- ある程度遵守している　217　28%
- 拘束時間、休息期間等の基準は理解しているが、遵守していない　194　25%
- 拘束時間、休息期間等の基準を知らなかったため、遵守していない　106　14%

出典：第2回 貨物軽自動車運送事業適正化協議会資料「貨物軽自動車運送事業にかかる実態調査結果」令和5年5月16日、国土交通省自動車局

こういった法令に対する無知や軽視が起きてしまう要因として、軽貨物運送業を行うにあたって、法令などの基礎知識がなくても始められてしまうということが挙げられます。

　一般貨物運送業等の場合は国家資格者である運行管理者を選任しなければいけませんし、ドライバーが事業用トラックに乗務するためには初任教育の実施や適性診断の受診が義務となっています。しかし軽貨物運送業には運行管理者の選任もドライバーの初任教育も必要ありませんでした。

　このように、社会経済にとって必要不可欠である軽貨物運送業の現状を是正するための安全強化対策として、令和7年4月より新しい規制が実施されることになりました。
　具体的には、軽貨物運送事業者に対し、「貨物軽自動車安全管理者」の選任、初任運転者等への特別指導、適性診断、業務の記録や保管、事故報告などの実施義務が課されることになりました。

　これらの義務がしっかりと守られることにより、軽貨物運送事業者が安全対策に関する理解を深め、また安全意識が高まることで、貨物用軽自動車の事故減少と軽貨物運送業の適正な運営につながることが期待されています。

2　最近の軽貨物運送業についての傾向　　13

第 2 章

シチュエーション別
軽貨物運送事業者の実務編

> 実際に軽貨物運送業を行うときに何をすればいいのかを
> シチュエーション別にまとめました。

今回の改正法によるものには NEW マークがついています。

1 軽貨物運送業を始める ための準備

(1) 車両を用意する

■軽貨物車両の種類

 軽バン	荷台が施錠できるため、個人情報を取り扱うものや盗難されやすい荷物などを運ぶのに適している。風雨による濡れやほこりも防げるため、宅配や小物家電、食品など幅広く使われている。
 軽トラック	軽バンに比べ荷台スペースを大きくとることができるため、多くの荷物が積める利点がある。引っ越しや大型家電などを運ぶのに適している。
 軽乗用車　　バイク	貨物用に比べ最大積載量が少ないため少量の荷物を運ぶのに適しており、フードデリバリーや小物チャーターなどに利用されている。

軽貨物運送業を始めるためには、1台以上の軽貨物車両の保有が必要です。

　軽バンや軽トラックなど貨物用のほかに、軽乗用車やバイクも使用できます。貨物用と乗用・バイクとでは最大積載量が違うので、どういった荷物を運ぶ仕事をするのかで仕事に適した車両を選ぶことが大切です。

　車両は購入もしくはリースでも構いませんが、車両の使用者の名義は軽貨物運送事業者である必要があります。

⑵　貨物軽自動車運送事業用車両として届け出ることができる車両

・排気量 660cc 以下の三輪及び四輪自動車
・排気量 125cc を超える二輪車
　令和4年10月27日より軽乗用車についても、構造変更を行わず貨物軽自動車運送事業用車両として使用できるようになりました。
・軽乗用車の積載可能な重量
　（乗車定員 − 乗車人数）× 55kg
・運転者だけの乗車 = 165kg
・運転者 + 1 名乗車 = 110kg
・運転者 + 2 名乗車 = 55kg
※　4人乗車する場合は軽貨物事業用として使用不可

■車検証のイメージ

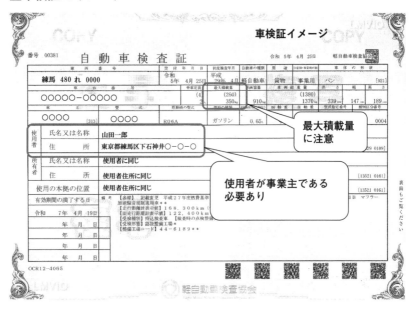

※ 2024年1月より車検証が電子化されたことに伴い、新しい車検証では使用者の住所などの記載内容が省略されています。その場合、車検証と一緒に発行される「自動車検査証記録事項」に詳細が記載されています。車検証閲覧アプリから確認することもできます。

◆国土交通省「電子車検証特設サイト」
https://www.denshishakensho-portal.mlit.go.jp/

⑶ 車体表示をする

　自動車の両側面に、氏名又は名称（屋号）を表示します。

■車体表示

⑷ 車庫、休憩施設を用意する

　車庫（駐車スペース）と休憩・仮眠施設の設置は運送業を行う上で義務付けられているので、事前に用意することが必要です。

　個人事業者の場合、自宅を営業所とし、同時に休憩・仮眠施設とすることも可能です。車庫（駐車スペース）の広さは1台当たり8㎡以上、場所は営業所から2km以内の場所に用意することが必要です。

⑸　各種保険への加入

　軽貨物運送業を行うにあたり、有事の際に損害賠償能力を持っていることが求められるため、自賠責保険、任意保険、貨物保険へ加入しましょう。

自賠責保険	自動車損害賠償保障法に基づき、加入が義務付けられているものです。 自賠責保険・共済の対象は、人身事故による対人損害賠償のみで**物損事故は補償の対象にはなりません。**
自動車任意保険	自賠責保険に比べ補償範囲が広く、実際の事故では自賠責保険だけではカバーできない部分を補填するために加入するものです。 加入する際は必ず**事業用**の保険に加入しましょう。
貨物保険	運送中の事故や災害で預かった荷物が損傷・破損した際の損害を補償する保険です。 運送業者には取引先から預かった荷物を守る責任があるため、万が一の時はその損害を請求されることになります。取り扱う荷物によってはかなり高額になる場合もあるため、保険への加入が推奨されています。

⑹　運送約款をつくる

　荷送人から荷物を預かり配送をするという一連の事業活動をするのには、本来一つひとつの取引に契約条件を定めて契約を締結

する必要がありますが、現実的にはとても手間がかかってしまいます。運送約款とは、同じような内容の取引を迅速かつ効率的に行うために作成された、定型的な内容の取引条項のことです。

運送約款には、国土交通大臣が定めて公示した「標準貨物軽自動車運送約款（標準運送約款）」というものがあり、それを自身の運送約款とすることが可能です。

■標準貨物軽自動車運送約款

第1章　総則

（事業の種類）

第1条　当店は、貨物軽自動車運送事業を行います。

2　当店は、前項の事業に附帯する事業を行います。

（適用範囲）

第2条　当店の経営する貨物軽自動車運送事業に関する運送契約は、この運送約款の定めるところにより、この運送約款に定めのない事項については、法令又は一般の慣習によります。

2　当店は、前項の規定にかかわらず、法令に反しない範囲で、特約の申込みに応じることがあります。

第2章　運送業務等
第1節　通則

（受付日時）

第3条　当店は、受付日時を定め、店頭に掲示し、又は当店のウェブサイトに掲載します。

以下略

1　軽貨物運送業を始めるための準備　21

◆国土交通省「標準貨物軽自動車運送約款」
https://www.mlit.go.jp/notice/noticedata/sgml/2003/68aa4489/68aa4489.html

(7) 運賃を決める

　運賃は荷主に対し不当にならない内容で、自由に設定することができます（次ページの見本運賃料金表「貨物軽自動車運送事業運賃料金表」参照）。

■見本運賃料金表

＜貨物軽自動車運送事業運賃料金表＞

1. 距離制運賃表

基準額	10kmまで	円
	20kmまで	円
	30kmまで	円
	40kmまで	円
	50kmまで	円
	以後5kmまでを増すごとに	円 加算

2. 時間制運賃表

基準額	4時間又は40kmまで	円
	8時間又は80kmまで	円
加算額	10kmまでを増すごとに	円 加算
	1時間までを増すごとに	円 加算

3. 諸料金

(1) 積込料及び取卸料　分ごとに、円を加算する。

(2) 待機時間料　円を超える場合において、分をこえるごとに円を加算する。

4. 運賃割増率

(1) 特殊品割増

項目	内容	割増率
易損品	電子計算機等の精密機器とその部品、みこし、仏壇、神仏像、ピアノ類	割増以上の臨時の約定による
危険品	高圧ガス取締法、消防法及び毒劇物取締法に定める品目	割増以上の臨時の約定による
	火薬類取締法に定める品目、放射性物質及びこれに類するもの	割増以上の臨時の約定による
特殊物件	引越荷物、生きた動物、鮮魚介等	割
汚れい品	塵芥等の廃棄物、し尿等	割
貴重品・高価品	貨物運送約款第9条第1項に掲げる貨物	割増以上の臨時の約定による

(2) 特大品割増

1個の長さが荷台の長さにその1割とを加えたもの、又は重量100kg又は容積1m³以上のもの	割増以上の臨時の約定による

(3) 冬期割増

地域	期間	割増率
北海道	自11月16日 至4月15日	割
青森県・秋田県・山形県・新潟県・長野県・富山県・石川県・福井県・鳥取県・島根県の全県 岩手県のうち久慈市・二戸市・遠野市・八幡平市・滝沢市・九戸郡・二戸郡・上閉伊郡・下閉伊郡・岩手郡・和賀郡 福島県のうち会津若松市・喜多方市・耶麻郡・南会津郡・大沼郡・河沼郡 岐阜県のうち高山市・飛騨市・下呂市・郡上市・大野郡	自12月1日 至3月31日	割

(4) 休日割増

日曜祝祭日に運送した距離に限る　　割

(5) 深夜・早朝割増

午後10時から午前5時までに運送した距離（免税対象となる取引は除く。）　　割

5. 消費税及び地方消費税の加算

運賃料金総額 × 消費税率等に基づく税率

6. 運賃料金適用方法

(1) 運賃料金は、運送車両1車1回の運送ごとに計算します。

(2) 運賃は、運賃表に掲げる金額（以下「基準運賃」という。）の上下それぞれ10%の範囲内で計算します。

(3) 割増率・割引率が適用される運賃は、基準運賃にそれぞれの率を乗じた金額を基準運賃に加減した金額で計算します。

(4) 運賃額を計算する場合において生じた端数は、100円単位に切り上げるものとします。

(5) 運送距離は、1車1回の運送ごとの実車キロ程によるものとし、経路が2地点以上ある時は、その最短となる経路のキロ程により計算します。

(6) 2種類以上の割増率又は割引率が重複する場合は、それぞれの率をあらかじめ加算します。

(7) 3ヶ月以上にわたる文書による運送契約については、基準運賃による運賃を適用することができます。

(8) 往復輸送の場合は、復路及び往路運賃の基準運賃について、それぞれ20%以内の割引を適用することができます。

(9) 荷送人の依頼により貨物の積込み又は取卸しを行った場合は積込料又は取卸料を収受します。

(10) 車両が貨物の発送地又は到着地に到着後、荷送人又は荷受人の責により待機した時間（荷送人又は荷受人における待機時間を含む。）に応じて待機時間料を収受します。ただし、1回の運送につき2箇所以上に待機場所が発生する場合は、それぞれについて合算するものとします。

(11) 有料道路利用料、フェリー利用料その他料金として生じる費用については、当該実費として生じた額を収受します。

(12) 時間制運賃の走行キロ及び運送時間の計算は、使用車両が所在する指定した場所に到着した時又は当該車庫に到着するまでとします。

(13) この適用方法に定めのない事項は、法令に反しない範囲で当事者の取り決めによるものとします。

1　軽貨物運送業を始めるための準備　　23

NEW

バイク便不要

⑻ 貨物軽自動車安全管理者講習の受講

令和 7 年 4 月 1 日以降に軽貨物運送業を始める場合、**事業を開始するまでに貨物軽自動車安全管理者を選任**し、**届出をすることが義務化**されました。

選任要件に該当しない場合は、指定講習を受講する必要があります。

複数の営業所がある場合は**営業所ごと**に選任しなければなりません。

例）5 か所営業所あり　→　5 名選任

貨物軽自動車安全管理者とは

今回の改正で新設されました。軽貨物運送の運行が安全に行われるために必要な知識を身に付けた上で、日々の運行の安全管理、運転者の健康状態や乗務時間等の把握、監督・指導・管理をする役割を担っています。

① 貨物軽自動車安全管理者になるための要件

貨物軽自動車安全管理者になるためには、次のいずれかに該当する必要があります。

☐　貨物軽自動車安全管理者講習を選任する日の前 2 年以内に修了している者

☐　貨物軽自動車安全管理者講習を修了しており、なおかつ

24　第 2 章　シチュエーション別軽貨物運送事業者の実務編

貨物軽自動車安全管理者定期講習（定期講習）を選任する日前2年以内に修了した者

☐　事業者が一般貨物運送事業等を行っている場合に、現に運行管理者として選任されている者

（注）運行管理者資格があるだけでは、貨物軽自動車安全管理者として選任することはできません。

②　指定講習の種類

■貨物軽自動車安全管理者講習
新たに貨物軽自動車安全管理者になる場合に受講

■貨物軽自動車安全管理者定期講習
既に貨物軽自動車安全管理者講習を受講している者が、2年に1回受講する講習

③　講習の主な内容

自動車運送事業や道路交通等に関する法令について
・貨物自動車運送事業法
・貨物自動車運送事業輸送安全規則
・道路運送車両法
・自動車点検基準
・自動車事故報告規則

1　軽貨物運送業を始めるための準備　25

- ・道路交通法
- ・労働基準法
- ・その他関連する政令、省令、告示、通達など

運行管理の業務について
・貨物軽自動車安全管理者制度の趣旨
・貨物軽自動車安全管理者制度の内容
・安全規則に基づく運行管理の実務

自動車事故防止について
・飲酒運転防止に関する基礎知識
・労務管理に関する基礎知識
・健康管理等に関する基礎知識

修了テスト及び補習

講習の時間
・貨物軽自動車安全管理者講習は **5時間以上**
・貨物軽自動車安全管理者定期講習は **2時間以上**

④ 講習の受講方法

　両講習とも国土交通省の登録講習機関となっている講習機関にて受講する必要があります。この講習はオンラインでの受講が可能です。

■貨物軽自動車安全管理者講習
　　→　登録貨物軽自動車安全管理者講習機関

■貨物軽自動車安全管理者定期講習

→　登録貨物軽自動車安全管理者定期講習機関

◆登録講習機関一覧
https://www.mlit.go.jp/jidosha/jidosha_tk2_000173.html

　受講が終了すると講習機関から**受講終了証明書**が発行されます。後述する選任届に証明書の添付が必要なので、必ず発行を受けて保管しておいてください。

2 軽貨物事業の経営の届出・黒ナンバー取得の手続き

　本項での行政手続きについて、ご自身で行うことが難しい場合は、行政手続きの専門家である行政書士へ依頼することも可能です。

　また複数の営業所がある場合で、行政の管轄地域が違うときは、それぞれの地域を管轄する行政で手続きをする必要があります。

例：埼玉県さいたま市と東京都練馬区の2か所にある場合
　■埼玉県さいたま市
　　→埼玉運輸支局・軽自動車検査協会埼玉事務所
　■東京都練馬区
　　→東京運輸支局・軽自動車検査東京主管事務所練馬支所

（1）　運輸支局での手続き

　営業所がある地域を管轄している運輸支局にて届出を行います。

　自宅や会社住所以外を軽貨物事業の営業所にしている場合は、営業所がある住所を管轄している運輸支局にて行ってください。

28　第2章　シチュエーション別軽貨物運送事業者の実務編

① 貨物軽自動車運送事業経営届出

軽貨物運送業を開始する旨の届出です。

この届出を行わなければ軽貨物運送業は行えません。

■必要書類

貨物軽自動車運送事業経営届出書	2部（提出用・控え用）
運賃料金設定届出書	2部（提出用・控え用）
運賃料金表*	2部（提出用・控え用）
事業用自動車等連絡書	2部（提出用・控え用）
車検証	コピー可 電子車検証の場合は自動車検査証記録事項を添付 新車の場合は、車台番号が確認できる書面（完成検査証など）

※ 届出の控えは事業をしていることの証明にもなりますので、大切に保管してください。

* 運賃料金表例は 23 ページ参照。

　運輸支局により様式が異なることがあります。届出の際は、管轄の運輸支局に確認をしてください。必要書類については**各運輸局または運輸支局ＨＰよりダウンロードが可能**です。

2　軽貨物事業の経営の届出・黒ナンバー取得の手続き　29

■貨物軽自動車運送事業経営届出書記入例

届出日　令和 ７ 年 ４ 月 １ 日

運輸支局に提出する日

関東 運輸局 東京 運輸支局長 殿

貨 物 軽 自 動 車 運 送 事 業 経 営 届 出 書

今般、貨物軽自動車運送事業を経営したいので、貨物自動車運送事業法第36条及び同法施行規則第33条の規定により、関係書類を添えて届出いたします。

事業を始める日

氏名又は名称並びに代表者の氏名及び住所(主たる事務所)	開 始 予 定 日	令和 ７ 年 ５ 月 １ 日

ふりがな	やまだ　いちろう	
氏名又は名称 (主たる事務所の名称)	山田　一郎	(通称名： 山田運送)

個人事業主の場合は個人名

個人事業主で屋号を使用

代表者氏名	

法人の場合は記入

住　所 (主たる事務所の位置)	東京都練馬区下石神井○－○－○

**個人事業主は、住民票の住所
法人の場合は本社所在地**

電話番号	０９０－○○○○－○○○○

事 業 計 画 の 内 容（住所と同じ場合は、□欄にチェックを入れる）

**上記住所と同じならチェックを入れる。
営業所として上記住所とは別にある場合はその住所を記入**

営 業 所 の 名 称 及 び 位 置		
営業所名	位　　　置	
本店		☑ 住所に同じ

任意で決めた営業所の名称を記入

軽貨物を行う場合は軽(普通)のところに車両数を記入

事 業 用 自 動 車 の 種 別 ご と の 数

	車両数	乗車定員		車両数	乗車定員		車両数	乗車定員
軽(普通)	１ 両	２ 名	軽(霊柩)	両	名	二 輪	両	名

自 動 車 車 庫 の 位 置 及 び 収 容 能 力

車庫の住所を記入。上記住所と同じ場合は「□住所に同じ」にチェック営業所からの直線距離と面積を記入

位　　　　　置	営業所からの距離	収 容 能 力
☑住所に同じ	５ m	１ ２ m

乗務員の休憩又は睡眠のための施設の位置及び収容能力

休憩施設が上記住所とは別にある場合はその施設住所を記入。上記住所と同じ場合は「□住所に同じ」にチェック施設面積を記入

位　　　　　置		収 容 能 力
☑住所に同じ		１ ２ m

運 送 約 款（該 当 す る □ 欄 に チ ェ ッ ク を 入 れ る）

☑ 標準貨物軽自動車運送約款(平成15年国土交通省告示第171号)

□ 標準貨物軽自動車引越運送約款(平成15年国土交通省告示第172号)

□ その他運送約款

使用する運送約款の□にチェック。軽貨物の場合は上段、引っ越しの場合は中段。標準約款以外を使用する場合は下段(この場合約款の添付が必要)

運行管理体制を記載した書面

所属営業所名	運行管理の責任者氏名
本店	山田　一郎

上記営業所の名称

日常の運行を管理する者、貨物軽自動車安全管理者を選任した場合その者の氏名

関東 運輸局　東京 支局 長 殿

宣　誓　書

☑ 届出にかかる自動車車庫については、私に使用権原があることを宣誓します。

☑ 届出にかかる自動車車庫の土地・建物は、都市計画法等の関係法令に抵触しないことを宣誓します。

☑ 貨物の運送に関し支払うことのある損害賠償の支払い能力を有することを宣誓します。

**□ ３か所にチェック
届日と同じ日付を記入
届人の住所・氏名を記入**

令和 ７ 年 ４ 月 １ 日

住　所　　東京都練馬区下石神井○－○－○

氏　名
(名称)　　山田　一郎

30　　第２章　シチュエーション別軽貨物運送事業者の実務編

■運賃料金設定届出書記入例

令和 7 年 4 月 1 日

関東　運輸局　東京　運輸支局長　殿

住　　　　所　東京都練馬区下石神井〇-〇-〇
氏名又は名称　山田 一郎（法人名）
代 表 者 名　（法人代表者名）
電 話 番 号　０９０－〇〇〇〇－〇〇〇〇

運 賃 料 金 設 定 （ 変 更 ） 届 出 書

　貨物自動車運送事業報告規則第２条の２の規定に基づき、運賃及び料金を設定（変更）したので、下記のとおり提出します。

記

1. 氏名又は名称及び住所並びに代表者氏名
　　氏名又は名称　山田 一郎　（法人名）
　　住　　　　所　東京都練馬区下石神井〇-〇-〇
　　代 表 者 名　（法人代表者名）

2. 事業の種別
　　貨物軽自動車運送事業

3. 設定した運賃及び料金を適用する地域
　　⦅全国⦆　　運輸局管内　　運輸支局管内

4. 設定した運賃及び料金の種類、額及び適用方法
　　別添のとおり

5. 実施年月日
　　令和 7 年 5 月 1日より実施

■事業用自動車等連絡書記入例

この書類は、道路運送法、貨物自動車運送事業法による自動車運送事業、第二種利用運送事業の許可・事業計画変更の認可を受け、若しくは代替であると確認したことを証するものである。

事　業　用　自　動　車　等　連　絡　書

記載例(軽貨物新規届出)

※発行番号　第　　　　号
発 行 日　令和　年　月　日
有効期限　発行の日から1ヶ月

> 経営届出書に記載した営業所名

事業等の種類 (事業名称)	旅客[乗合・貸切・ハイヤー・タクシー・特定・一般・特定・霊きゅう・第二種利用] 貨物[一般・特定・軽・霊きゅう・第二種利用] その他[レンタカー・(　)]	
使用者の名称 (事業者名)	山田 一郎	所属営業所名　本店
使用者の住所 (事業者の住所)	東京都練馬区下石神井〇-〇-〇	使用の本拠の位置 (営業所の位置)　東京都練馬区下石神井〇-〇-〇
使用・廃止の別	※登録完了印・登録官印 使用しようとする自動車	※登録完了印・登録官印 廃止(滅車・まつ消等)する自動車
自動車登録番号等 (車両番号)	※新自動車登録番号(車両番号) 練馬 480 わ 0000 [型式新車の場合は諸元表の写しを提示] [登録番号は中古車の場合は車検証等の原本若しくは写しを提示]	※旧自動車登録番号(車両番号)

①自動車の年式……(H)・R　　○○○○○-○○○○○
②旅客・貨物自動車(乗車定員とも)　自動車の長さ　　　cm
③貨物自動車……種別(普通・小型・けん引・坂(けん引・被けん引)
最大積載量

①自動車の年式……S・H・R　29年式
②乗車定員　2人　　　cm
③貨物自動車……種別(普通・小型・けん引・坂(けん引・被けん引)・特種・軽　350 kg
最大積載量　　　　kg

> 車検証の初度検査年を記入
> 車検証に記載の通りに記入

> 新規届

事業発生理由
※新規許可・譲渡譲受・合併・分割・相続・休止・廃止・取消
事業計画の変更[増車・減車・代替・営配・他支局管内への移動・運輸支局→運輸支局]
使用権許可の変更・使用者の名称又は住所の変更・使用の本拠の位置の変更・その他(　)

備考欄　※

確認印及び担当印　※確認印・担当官印

輸送部門(企画輸送部門)

(注)
1. この連絡書は、再発行しないので取扱いに注意してください。
2. 連絡書に必要な事項を記入の上、輸送担当に提出して下さい。
3. 新たに使用する自動車が新車の場合は車検証(又は、一時抹消登録証)、中古車の場合は諸元表、登録識別情報等通知書の原本若しくは写しを提示して下さい。
4. 連絡書は輸送担当の確認を受けた後、登録関係書類に添えて登録担当に提出してください。
5. ※印欄は記入しないで下さい。

`NEW`

バイク便不要

② 貨物軽自動車安全管理者選任届

貨物軽自動車安全管理者の選任要件（1 (8) 24 ページ参照）を満たしている者を選任します。

1人で事業を行っている場合は**自分自身**を選任します（配偶者など家族でも可）。

■必要書類

| 貨物軽自動車安全管理者選任届 | 2部（提出用・控え用） |
| 貨物軽自動車安全管理者講習もしくは定期講習の修了証明書の写し | 2部（提出用・控え用） |

選任届は貨物軽自動車運送事業経営届出書の届出と同時に行わなくても構いませんが、**事業を開始する前まで**に選任し、選任後1週間以内に届出をする必要があります。

令和7年3月31日までに貨物軽自動車運送事業経営届出を行っている場合

令和9年3月31日までに貨物軽自動車安全管理者を選任し、届出を行ってください。

★貨物軽自動車安全管理者制度について詳しくはこちら
　→ 147 ページ

一般貨物運送業等と軽貨物運送業を兼業している場合

　一般貨物と軽貨物の営業所が離れた場所にあっても、運行管理者として選任されていれば、その運行管理者を貨物軽自動車安全管理者として選任することは可能。

　ただし、軽貨物運送業の営業所において貨物軽自動車安全管理者として実際の業務ができる必要あり。

■貨物軽自動車安全管理者選任届出書記入例

令和 7 年 4 月 1 日

関東運輸局　東京運輸支局長　　　殿

貨物軽自動車安全管理者　選任・変更・解任　届出書

届出者の 氏名・名称	ふりがな：やまだ　いちろう 山田	一郎
住　所	東京都練馬区下石神井〇－〇－〇	
代表者氏名 （法人の場合）	ふりがな：	
営業所の名称	本店	
営業所の所在地	東京都練馬区下石神井〇－〇－〇	
電話番号	〇９０－〇〇〇〇－〇〇〇〇	
メールアドレス	××××△△△△@〇〇〇.co.jo	

選任する貨物軽自動車安全管理者

ふりがな：やまだ　いちろう	生年月日	選任年月日
氏名 山田 一郎	１９×× 年 × 月 ×× 日	２０２５ 年 ４ 月 １ 日

貨物軽自動車安全管理者として選任するために必要な要件（該当に☑のうえ本紙最下部に記載の書類を添付）

☑　貨物軽自動車安全管理者講習を選任の日前２年以内に修了している（添付書類：①）
□　貨物軽自動車安全管理者講習に加え、貨物自動車安全管理者定期講習を選任の日前２年以内に修了している（添付書類：①及び②）
□　所属する貨物軽自動車運送事業者において一般貨物自動車運送事業又は特定貨物自動車運送事業の運行管理者として選任されている

登録講習機関名／登録定期講習機関名	直近の講習修了年月日 ／直近の定期講習修了年月日	講習修了番号
〇〇モータースクール	２０２５ 年 ３ 月 １ 日 　　　年　　　月　　　日	〇〇〇〇〇

兼職の有無／職名・職務内容

有 （無）

> 兼職する者がある場合は
> 「有」に〇をして兼職する職名と職務
> 内容を記入

〇〇する貨物軽自動車安全管理者

ふりがな	生年月日	解任年月日
氏名	年　　月　　日	年　　月　　日

解任理由			
1．転　任	2．職制変更	3．退　職	4．その他（下記に理由を記載）
理由			

届出内容の変更

1．届出者の氏名・名称	2．住所	3．代表者氏名（法人の場合）	4．営業所の名称
5．営業所の所在地	6．電話番号	7．メールアドレス	
変更前の 届出内容			

備考	

〔記載要領〕
1．この届出書は、貨物軽自動車安全管理者の選任職務を有する営業所ごとに提出すること。
2．「兼職の有無」については、該当項目を〇で囲み、有の場合はその職名及び職務内容を記載すること。
3．「解任理由」については、該当記号を〇で囲み、「4．その他」の場合は具体の理由を記載すること。
4．「登録講習機関名／登録定期講習機関名」については、当該講習の修了証明書に記載された機関名を転記すること。

〔添付書類〕
① 貨物軽自動車安全管理者講習の修了証明書の写し
② 貨物軽自動車安全管理者定期講習の修了証明書の写し

（日本産業規格Ａ列４版）

2　軽貨物事業の経営の届出・黒ナンバー取得の手続き　35

■貨物軽自動車安全管理者の業務とは？

- ・運転者が休憩や睡眠をとるために利用できる施設を適切に管理すること

- ・定められた勤務時間や乗務時間の範囲内での乗務割を作成し、それに従って運転者を乗務させること

- ・酒気帯び状態で運転者に運行の業務に従事させないこと

- ・運転者の健康状態の把握に努め、疾病、疲労、睡眠不足等で安全に運行の業務を遂行できないおそれがある場合は運行の業務に従事させないこと

- ・積載の防止について運転者に指導、監督を行うこと

- ・貨物の積載方法について運転者に指導、監督を行うこと

- ・運転者に対して点呼を行い、その内容を記載、保存すること

- ・アルコール検知器を常時有効に保持すること

- ・運転者の業務記録について、運転者に記録させ、その記録を保存すること

- ・事業用自動車に係る事故が発生した場合は、必要な事項を記録、保存すること

- ・運転者台帳を作成、営業所に備え置くこと

- ・運転者に対する指導、監督及び特別な指導を行い、それを記録、保存すること

- ・運転者に適性診断を受けさせること

- ・異常気象やその他の理由により、輸送の安全確保に支障が生じるおそれがあるとき、運転者に対し適切な指示や安全確保のための必要な措置を講ずること

> ・国土交通大臣又は地方運輸局長から事故防止対策に関する通知があった際は、事業用自動車の運行の安全の確保について、運転者に対し指導及び監督を行うこと

　なお、令和7年4月から2年以内の間は、貨物軽自動車安全管理者として選任されていない者が上記業務を行っても差し支えありません。

（「貨物自動車運送事業輸送安全規則の解釈及び運用について」平15.3.10国自総第510号、国自貨第118号、国自整第211号、最終改正令6.10.11国自貨第391号、国自安第94号、国自整第158号）

■貨物軽自動車安全管理者の兼務等

【安全運転管理者との兼務はOK】

　道路交通法で定められている安全運転管理者※と貨物軽自動車安全管理者は兼務することが可能です。その場合でも、講習の受講など貨物軽自動車安全管理者になるための要件を満たしている必要があり、選任の届出を行わなければなりません。

※　安全運転管理者については**第4章4**「(4)　**安全運転管理者の選任**」（176ページ）参照。

【複数の営業所での兼務はNG】

　貨物軽自動車安全管理者は営業所ごとに選任が必要であり、一人の貨物軽自動車安全管理者が複数の営業所で貨物軽自動車安全管理者を兼務することはできません。

（「貨物自動車運送事業輸送安全規則の解釈及び運用について」平15.3.10国自総第510号、国自貨第118号、国自整第211号、最終改正令6.10.11国自貨第391号、国自安第94号、国自整第158号）

【複数の貨物軽自動車安全管理者選任はＯＫ】

　一つの営業所において、複数名の貨物軽自動車安全管理者を選任することは可能です。車両台数に応じて選任する人数などの決まりはありません。

(2)　軽自動車検査協会での手続き

　運輸支局での手続きが終わると押印が入った事業用自動車等連絡書が発行されます。

　それをもって、営業所を管轄している軽自動車検査協会へ行き、営業用ナンバー（黒ナンバー）登録や車検証記載事項の変更の手続きを行います。

■必要書類

自動車検査証（車検証）	原　本
使用者の住所を証明するもの（使用者又は使用者の住所に変更がある場合）	発行されてから３か月以内のいずれか１点 〈個人〉 ・住民票の写し（マイナンバーが記載されていないもの） ・印鑑（登録）証明書 〈法人〉 ・商業登記簿謄（抄）本 ・登記事項証明書 ・印鑑（登録）証明書

黄ナンバープレート	手続きをする車両を持ち込み、検査場で黒ナンバープレートに変更することも可能
自動車検査証変更記録申請書	検査場にあり ＨＰからもダウンロード可能
事業用自動車等連絡書	運輸支局の押印が入った原本

　必要な手続きにより申請書の様式、必要書類が異なります。管轄の検査協会へ事前に確認してください。

■自家用と事業用のナンバープレート

自家用	事業用
富山 599　ろ・８88	富山 499　ろ46・49
自家用軽自動車のナンバープレートは黄色	軽貨物運送業を行うためには事業用の黒ナンバーが必要

■軽貨物運送業を始めるときのやることリスト

☐	車両を用意する
☐	車体表示をつける
☐	車庫・休憩施設を用意する
☐	保険への加入
☐	自賠責保険
☐	事業用の自動車任意保険
☐	貨物保険
☐	運送約款を用意する（標準運送約款でも可）
☐	運賃表をつくる
☐	貨物軽自動車安全管理者講習を受講する
☐	初任診断を受診する
☐	貨物軽自動車運送事業経営届出書を作成する
☐	運賃料金設定届出書を作成する
☐	事業用自動車等連絡書を作成する
☐	貨物軽自動車安全管理者選任届を作成する

■運輸支局へ提出する書類リスト

☐	貨物軽自動車運送事業経営届出書	2部（提出用・控え用）
☐	運賃料金設定届出書	2部（提出用・控え用）
☐	運賃料金表	2部（提出用・控え用）
☐	事業用自動車等連絡書	2部（提出用・控え用）
☐	車検証	コピー可
☐	貨物軽自動車安全管理者選任届	2部（提出用・控え用）
☐	貨物軽自動車安全管理者講習もしくは定期講習の修了証明書の写し	2部（提出用・控え用）

■軽自動車検査協会へ提出する書類リスト

☐	自動車検査証（車検証）	原本
☐	使用者の住所を証明するもの	発行されてから3か月以内のいずれか1点
☐	（使用者又は使用者の住所に変更がある場合）	〈個人〉 住民票の写し（マイナンバーが記載されていないもの） 印鑑（登録）証明書 〈法人〉 商業登記簿謄（抄）本 登記事項証明書 印鑑（登録）証明書
☐	黄ナンバープレート	手続きをする車両を持ち込み、検査場で黒ナンバープレートに変更することも可能
☐	自動車検査証変更記録申請書	検査場にあり HPからもダウンロード可能
☐	事業用自動車等連絡書	運輸支局の押印が入った原本

3　乗務する前までに行うこと

`NEW`

バイク便不要

(1)　貨物軽自動車運転者等台帳の作成

　令和7年4月1日より、事業者はドライバーごとの台帳を作成し、営業所に備えておくことが義務化されました。

■運転者台帳に記載しなければならない項目

作成番号及び作成年月日
事業者の氏名又は名称
ドライバーの氏名、住所及び生年月日
ドライバーが初めて運行の業務に従事した年月日
特別な指導の実施及び適性診断の受診の状況

　必要事項が記載されていれば、決まった様式はありません。書面のほかに、パソコンやスマートフォンなどを使ってアプリ等で管理することも可能です。後述する運転日報と運転者台帳機能が一つになったアプリなども出ていますので、使いやすいものを選びましょう。

　台帳の保存期間は運転者でなくなった日から3年間です。

42　第2章　シチュエーション別軽貨物運送事業者の実務編

■運転者台帳書式例

運転者台帳				NO. 1	
事業者名	山田運送	営業所名	本店	作成日	令和7年4月1日

ふりがな	やまだ　いちろう
氏　名	山田　一郎
生年月日	昭和○○年　○　月　○○日
現住所	〒 123-1234　東京都練馬区下石神井○-○-○ TEL　０９０-○○○○-○○○○
初めて運行の業務に従事した年月日	令和7年4月1日

適性診断	実施年月日	種　　類	所　　見
	令和7年 3月 15日	⟮初任⟯・適齢・特定Ⅰ・特定Ⅱ	
	年　月　日	初任・適齢・特定Ⅰ・特定Ⅱ	
	年　月　日	初任・適齢・特定Ⅰ・特定Ⅱ	

指導	実施年月日	種　　類	内　　容
	令和7年 3月20日	一般・初任・適齢・事故・⟮その他⟯	貨物軽自動車安全管理者講習受講
	指導者名	実施場所	
	自動車事故対策機構	本店	
	年　月　日	一般・初任・適齢・事故・その他	
	指導者名	実施場所	
	年　月　日	一般・初任・適齢・事故・その他	
	指導者名	実施場所	

運転者ではなくなった年月日	年　月　日	理　由	

3　乗務する前までに行うこと　43

NEW

バイク便不要

（2）　初任診断の受診と初任運転者への特別な指導

　令和7年4月1日より、ドライバーに対しての初任診断の受診と特別指導の実施が義務化されました。

■届出と実施のタイミング

令和7年3月31日以前に経営届出を行っている事業者
☐　令和7年3月31日以前からドライバー職である方
☐　令和7年4月1日〜令和10年2月29日の間にドライバー職についた方 **令和10年3月31日までに実施**
☐　令和10年3月1日以降にドライバー職についた方 **事業用自動車に乗務する前までに実施** （やむを得ない場合は乗務開始後1か月以内）
令和7年4月1日以降に経営届出を行っている事業者
事業用自動車に乗務する前までに実施 （やむを得ない場合は乗務開始後1か月以内）

　乗務する前の3年以内に次の経験がある場合は実施する必要はありません。

☐　一般貨物のドライバーとして乗務経験がある

☐　他の軽貨物運送事業者に所属しドライバーとして乗務経

験がある※

※ 適性診断の受診や特別指導を受けたことがある場合のみ

① 初任診断の受診

初任診断は、プロドライバーとしての自覚や事故の未然防止のため、運転行動の特性などを測定するものです。

■受診の時期

初めて事業用自動車に乗務する前に初任診断を受診させる。

やむを得ない事情がある場合には、乗務を開始した後1か月以内に受診。

ただし、当該事業者において初めて事業用自動車に乗務する前3年間に初任診断を受診したことがある者を除く。

■受診方法

初任診断は国土交通省の認定を受けた機関で受診する必要があります。

★受診機関一覧（国土交通省リンク）はこちら↓

https://www.mlit.go.jp/jidosha/anzen/03safety/instruction.html

受診結果で改善点等の指摘が多い場合でも、運転業務ができないというわけではありません。ドライバーとしての特性や傾向を

知ることで運転時に注意する点を理解し、事故防止につなげることが大切です。

　初任運転者が、事故惹起運転者（85 ページ参照）、高齢運転者（93 ページ参照）に該当している場合は、適性診断の受診について、以下のような取扱いとなります。

事故惹起運転者に該当する場合	特定診断Ⅰ又は特定診断Ⅱを受診していれば初任診断の受診は必要なし
高齢運転者に該当する場合	適齢診断を受診していれば初任診断の受診は必要なし
事故惹起運転者であり高齢運転者でもある場合	特定診断Ⅰ又は特定診断Ⅱを受診していれば、初任診断と適齢診断を受診する必要はなし

②　初任運転者への特別な指導の実施

　初任運転者への特別な指導は、初めて軽貨物ドライバーとなり、事業用自動車を運転する方に対し、身に付けておくべき知識や技術、プロドライバーとしての自覚を得るために行う指導です。

> 　初任運転者に該当するドライバーが、乗務前 3 年以内に貨物軽自動車安全管理者講習（もしくは定期講習）を受講している場合は特別な指導は不要です。

■実施時期
　初めて事業用自動車に乗務する前に実施。

やむを得ない事情がある場合は乗務開始後1か月以内に実施。

■指導内容
□貨物自動車運送事業法その他法令について、ドライバーが守るべき事項
□安全な運行を確保するために必要な運転に関する事項
□安全運転の実技（添乗指導）※
　※　添乗指導については可能な限り実施
★具体的な指導内容はこちら　→　**第4章** 154ページ

■実施時間
添乗指導以外で合計5時間以上。

■実施者
・事業者（貨物軽自動車安全管理者もしくはそれと同等の知識を有する者）
・外部の専門機関・研修機関

　貨物軽自動車安全管理者講習を受講することで初任運転者への特別指導を実施したことになります。また、一人で軽貨物運送業を開始する場合、基本的には自身を貨物軽自動車安全管理者に選任するので特別指導の実施は不要です。

③ 運転者台帳への記録と保存

　初任診断・特別指導を実施したら、貨物軽自動車運転者台帳に記録する必要があります。指導に使った資料の写しと初任診断の結果も添付して保存してください。保存期間は3年間です。

　記録・保存方法は書面、パソコン、スマートフォンなど利用しやすいもので構いません。必要な記録事項が入っていれば形式は自由です。

■記録事項

・指導を実施した日時、場所
・具体的な実施内容
・指導・監督を行った者
・指導・監督を受けた者

⑶ ドライバーの事故履歴の把握

　事業者は、ドライバーを新たに雇い入れた場合には、そのドライバーについて、無事故・無違反証明書又は運転記録証明書等により、雇い入れる前3年間の事故歴を把握し、事故惹起運転者に該当するか否かを確認することが必要です。この場合の事故には事業用自動車での事故に限らず、プライベートで起こした事故も含まれます。

　確認の結果、その運転者が事故惹起運転者に該当した場合、特別な指導や適性診断を受けていない場合には指導の実施、診断の受診が必要になります。

（事故惹起運転者への特別な指導や適性検査については 85 ページ参照）。
　無事故・無違反証明書、運転記録証明書の発行は、自動車安全運転センターにて行っています。

◆自動車安全運転センター
　https://www.jsdc.or.jp/

4 乗務開始後、日常的に 行うこと

(1) 勤務時間・乗務時間の管理

　ドライバーの過労運転を防止するため、勤務時間や乗務時間は、国土交通大臣が定めた基準に従うことが貨物運送事業の関連法令によって定められています。この基準は「改善基準告示」と呼ばれています。貨物運送事業者が守るべき基準となっていますので、**個人事業主や経営者であっても遵守しなければなりません。**

　日々の勤務時間や乗務時間は、改善基準告示のルールのもと設定する必要があります。

個人事業主の軽貨物事業者は？

　改善基準告示の対象者は労働基準法上の従業員であるため、従業員に該当しない個人事業主は本来対象となりません。

　しかしながら、貨物運送事業者として遵守しなければならない貨物運送事業法の関連法令において、国土交通大臣の告示として改善基準告示が引用されているため、個人事業主の軽貨物事業者であるドライバーにも改善基準告示の遵守が求められます。

50　第2章　シチュエーション別軽貨物運送事業者の実務編

改善基準告示の概要

1年の拘束時間	3,400時間以内（従業員を雇用している場合）
1か月の拘束時間	284時間以内 310時間以内（年6か月まで）
1日の拘束時間	13時間以内 （上限15時間、14時間超は週2回まで）
1日の休息期間	継続11時間以上与えるよう努めることを基本とし、9時間を下回らない
運転時間	2日平均1日：9時間以内 2週平均1週：44時間以内
連続運転時間	4時間以内 1回10分以上、合計30分以上の中断が必要 運転の中断時に原則として休憩を与える
休日について	休日＝休息期間＋24時間 連続した時間で33時間以上 休日労働は2週間に1回が上限
予期し得ない事象	予期し得ない事象への対応時間を、1日の拘束時間、運転時間（2日平均）、連続運転時間から除くことができる
分割休息特例	継続9時間の休息期間が困難な場合の特例
隔日勤務特例	始業及び終業の時刻が同一の日に属さない場合の特例
フェリー特例	フェリー乗船時の特例

4 乗務開始後、日常的に行うこと　51

従業員を雇っている場合は、改善基準告示以外にも時間管理のルールがあります（詳しくは後述する 64 ページ参照）。

【改善基準告示における時間の全体像】

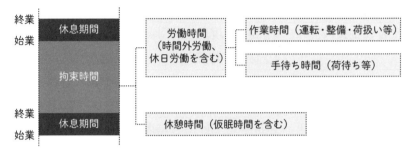

■**労働時間とは**
　運転時間、運転以外の作業時間（日報作成・整備・荷扱い等）、手待ち時間（荷待ち等）など労働に従事している時間のことです。

■**休憩時間とは**
　昼食や夜食をとる時間や仮眠時間など、拘束時間中に貨物軽自動車安全管理者の指示や運転者の自己判断で身体を休める時間のことをいいます。

■**拘束時間とは**
　労働時間と仮眠時間を含めた休憩時間の合計時間のことで、始業から終業までのすべての時間のことをいいます。

■休息期間とは

　終業時刻から次の始業時刻までの間の時間で、ドライバーが業務から解放され、完全に自由になる時間のことで、睡眠時間を含む生活時間のことを「休息期間」といいます。休憩時間や仮眠時間は休息期間には含まれません。

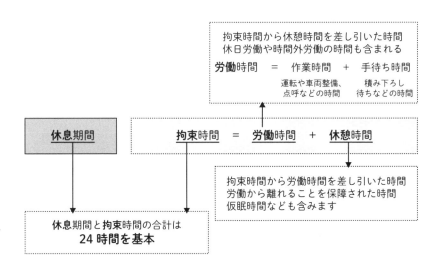

1年、1か月の拘束時間

原　則

> 1年間の拘束時間は、原則 3,300 時間以内
> 1か月の拘束時間は、原則 284 時間以内

　1年、1か月の起算日は暦月を基本としますが、就業規則や労使協定など会社で特定日を起算日としている場合は、その特定日を起算日とすることができます。

注　意

　12か月のすべての月において上限 284 時間に達していると、

　284 時間×12か月＝3,408 時間

となり、1年間の上限である 3,300 時間を超えてしまい告示違反となるので要注意です。

例　外

　従業員を雇っている場合、労使協定※を締結することにより、1年間の総拘束時間を 3,400 時間まで延長できます。

　年間6か月までは、1か月の拘束時間を 310 時間まで延長できます。

　ただし、1か月の拘束時間が 284 時間を超える月は連続3か月までです。

　また、1か月の時間外・休日労働時間数が 100 時間未満とするよう努めることが必要です。

　（これは厚生労働省が1か月の時間外・休日労働時間数 100 時間を「過労死ライン」として労災認定の基準の一つとしているためです）

※ 労使協定：従業員と使用者との間で取り交わされる労働条件に関する取り決めのこと。労使協定を締結することで、労働基準法等で定められた事項について、法定義務の免除や免罰効果を発生させます。

個人事業主や法人の役員などの事業主の場合の拘束時間は？

事業主（個人事業主や経営者）は、従業員ではないので労使協定の対象範囲に入りませんが、従業員と会社とで労使協定を締結している場合は、その労使協定で定めている時間数まで、協定がない場合は年間3400時間、月間310時間が拘束時間の上限になります。

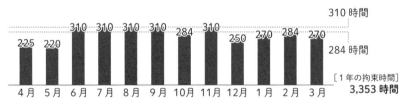

284時間超の月は5か月間なので6か月以内で収まっている
1年間の拘束時間も3353時間で3400時間以内に収まっている
しかし、284時間を超えている月が連続4か月になっている

「1日」の拘束時間

改善基準告示では暦日ではなく、「**始業時刻から起算した24時間**」が1日です。

原 則

　1日（始業時刻から起算して24時間）の拘束時間は**13時間以内**とし、これを延長する場合であっても、上限は15時間です。拘束時間14時間超は1週2回までが目安です。

例 外

　宿泊を伴う長距離貨物運送の場合、1週について2回に限り、1日の拘束時間を16時間まで延長することができます。

> ・「宿泊を伴う長距離貨物運送」とは？
> 　1週間における運行がすべて長距離貨物運送で、一の運行における休息期間がドライバーの住所地以外の場所におけるものである場合をいいます。
> ・「長距離貨物運送」とは？
> 　一の運行の走行距離が450km以上の貨物運送をいいます。
> ・「一の運行」とは？
> 　ドライバーが所属する事業場を出発してから当該事業場に帰着するまでをいいます。

■ダブルカウント

　1日を始業から終業で区切るため、業務の内容によっては、前日の終業から24時間経たずに次の始業時刻になってしまう場合も起こります。その場合は、拘束時間が重複することになりますので、計算には注意が必要です。

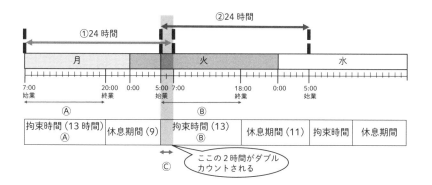

月曜日　始業 7:00　～　終業 20:00　＝　13 時間（Ⓐ）
　　　　13 時間（Ⓐ）＋　2 時間（Ⓒ）＝　15 時間
　　　　1日のカウントは月曜日 7:00 から火曜日 7:00 までの24 時間（①）であるため、火曜日 5:00 から 7:00 までの2 時間分（Ⓒ）も月曜日の拘束時間にカウントされ、月曜日の拘束時間は 15 時間となります。
火曜日　始業 5:00　～　終業 18:00　＝　13 時間（Ⓑ）
　　　　1日のカウントは火曜日 5:00 から水曜日 5:00 までの24 時間（②）となるため、火曜日の拘束時間は 13 時間となります。

1か月の拘束時間を計算する際は、ダブルカウントされた2時間分を引いて計算します。

　　　15時間　＋　13時間　－　2時間　＝　26時間

1日の休息期間

原　則

　1日の休息期間は、勤務終了後、継続11時間以上与えるよう努めることを基本とし、継続9時間を下回ってはいけません。

例　外

　宿泊を伴う長距離輸送の場合、1週間について2回まで、休息期間を継続8時間以上とすることができます。

　ただし、休息期間のいずれかが継続9時間を下回る場合は、一の運行終了後、継続12時間以上の休息期間を与えなければなりません。

> 　宿泊を伴う長距離貨物運送の場合、運行の中継地や目的地において休息期間を過ごすこともあります。ドライバーの疲労の蓄積を防ぐ観点から、ドライバーの住所地における休息期間がそれ以外の場所における休息期間より長くなるように努めるものと定められています。

【1日の拘束時間と休息期間の例】

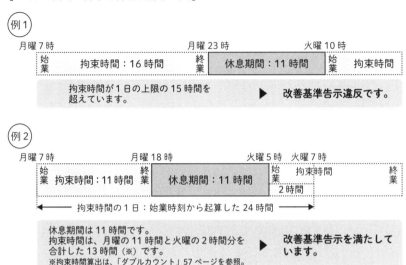

運転時間

　運転時間とは、業務として運転をしている時間のことです。

　自動車の運転は常に集中し神経を使うので、自分が思っている以上に疲労します。そのため、改善基準告示では運転時間の上限や、連続で運転してよい時間の限度などについて細かく定められています。

2日平均1日の運転時間

> 2日を平均した1日当たり（2日平均1日）の運転時間は、9時間以内です。

　運転時間は、1日ごとの運転時間で考えるのではなく、2日（始業時刻から起算して48時間のこと）を平均して計算します。

〈計算方法〉

　特定日を起算日として、前後2日間の平均を計算します。

　運転時間が改善基準告示に違反するか否かは、次の①②のいずれもが9時間を超えた場合に、違反と判断されます。

① 特定日の運転時間（A時間）と特定日の前日の運転時間（B時間）との平均
② 特定日の運転時間（A時間）と特定日の翌日の運転時間（C時間）との平均

【2日平均1日の運転時間の違反例】

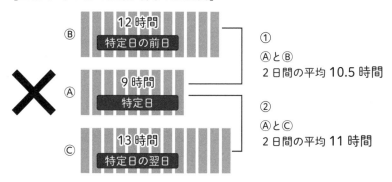

　①の平均は10.5時間、②の平均は11時間でいずれも9時間を超えているため違反。

【2日平均1日の運転時間例】

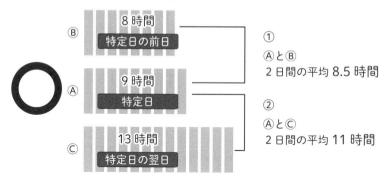

①の平均は8.5時間、②の平均は11時間で①は9時間を超えていないため違反にはなりません。

2週間平均1週の運転時間

2週間を平均した1週間当たり（2週平均1週）の運転時間の上限は、44時間

〈計算方法〉

特定の日を起算日として2週ごとに区切り、その2週ごとに計算します。

【2週平均1週の運転時間例】

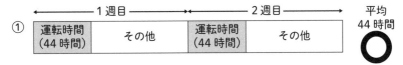

2週平均1週の運転時間は44時間なので基準内。

2週平均1週の運転時間は43時間なので基準内。

2週平均1週の運転時間は45時間なので違反。

連続運転時間

原　則

・連続運転時間の上限は **4時間** です。

・運転開始後4時間以内又は4時間経過直後に、**30分以上の運転の中断が必要です。中断時には、原則として休憩**を与えなければなりません。

・運転の中断は、1回がおおむね**連続10分以上**とし、分割する
こともできますが、1回が10分未満の運転の中断は、3回以
上連続してはいけません。

例　外

　サービスエリア又はパーキングエリア等（コンビニ、ガソリン
スタンドなど含む）が満車で利用できず、やむを得ず連続運転時
間が4時間を超える場合には、**4時間30分まで**延長することが
できます。

・「連続運転時間」とは
　1回がおおむね10分以上で、かつ合計が30分以上の運
転の中断をすることなく連続して運転する時間をいいます。
・「おおむね連続10分以上」とは
　1回原則10分以上という趣旨でああり、例えば、10分
未満の運転の中断が3回以上連続する等の場合は、「おおむ
ね連続10分以上」に該当しません。

休日の取扱い

　休日は、休息期間に24時間を加算した連続した時間です。

・休息期間＋24時間の連続した時間
　▶9時間＋24時間＝33時間
・休日は、いかなる場合であっても30時間を下回ってはい
けません。
　▶2日続けて休日を与える場合は、2回目の休日も24時

間以上

・休日労働の回数：2週間に1回が限度

従業員を雇っているときは36協定の締結が必要

　法定労働時間を超えて時間外労働をさせる場合や法定休日に労働させる場合は、労働基準法36条に基づく労使協定（36協定）を締結し、労働基準監督署に届け出なければなりません。

　自動車運転の業務に関しては、「時間外労働及び休日労働に関する協定書」の写しと、協定届（様式9号の3の4）又は（様式9号の3の5）をセットにして、営業所を管轄する労働基準監督署に届出します。

　様式と記入例は、**第3章**124ページを参照してください。

予期できない事象への対応時間の取扱い

・災害や事故等の通常予期し得ない事象[※1]のため、運行が遅延した場合、1日の拘束時間、運転時間（2日平均）、連続運転時間から、その対応時間を除くことができます[※2]。

・勤務終了後、通常どおりの休息期間（継続11時間以上を基本、継続9時間を下回らない）を与えることが必要です。

※1　予期し得ない事象とは、次の事象をいいます。
・運転中に乗務している車両が予期せず故障したこと
・運転中に予期せず乗船予定のフェリーが欠航したこと
・運転中に災害や事故の発生に伴い、道路が封鎖されたこと又は道路が渋滞したこと
・異常気象（警報発表時）に遭遇し、運転中に正常な運行が困難となったこと

> ※2　運転日報上の記録に加え、**客観的な記録が必要。**
>
> ・予期し得ない事象への対応時間を拘束時間や運転時間等から除いた場合は、運転日報への記録と、客観的な資料（公的機関のHPなど）の写しの添付が必要です。

分割休息特例

　業務の必要上、継続9時間以上（宿泊を伴う長距離貨物運送の場合は継続8時間以上）の休息期間を与えることが困難な場合、次に掲げる要件を満たすときは、一定期間（1か月程度を限度とします）における全勤務回数の2分の1を限度に、休息期間を分割して与えることができます。

・分割された休息期間は、1回当たり継続3時間以上とし、2分割又は3分割とする

・1日において、2分割の場合は合計10時間以上、3分割の場合は合計12時間以上の休息期間を与える

・休息期間が3分割となる日が連続しないよう努める

隔日勤務特例

〈隔日勤務とは〉

　始業と終業の時刻が同じ日に属さない業務のこと。

原　則

　業務の必要上やむを得ない場合には、当分の間、2暦日の拘束時間が21時間を超えず、かつ、勤務終了後、継続20時間以上の休息期間を与える場合に限り、ドライバーを隔日勤務に就かせることができます。

例　外

　仮眠施設で夜間に4時間以上の仮眠を与える場合には、2週の
うちで3回を限度に、この2暦日の拘束時間を24時間まで延長
することができます。

　2週における総拘束時間は126時間（21時間×6勤務）を超
えることができません。

フェリー特例

　ドライバーが勤務の途中でフェリーに乗船する場合、フェリー
に乗船している時間は、原則として、**休息期間**として取り扱いま
す。

　ただし、減算後の休息期間は、フェリー下船時刻から勤務終了
時刻までの間の時間の2分の1を下回ってはなりません。

　なお、フェリーの乗船時間が8時間を超える場合には、原則と
してフェリー下船時刻から次の勤務が開始されます。

⑵　日常点検

　乗務する前に、ライトの点灯やブレーキペダルの利き、タイヤ
の空気圧などの点検を行い、必要に応じて整備する必要がありま
す。点検項目は、乗務するごとに行うものと、走行距離や運行状
態に応じて適切な時期に行うものとがあります。日常点検は安全
な運行のために必ず行いましょう。

■日常点検表例

日常点検表

車両番号　　　　　　　　　　　　　　　

点検実施者名　　　　　　　　　　　　　　　

実施日　令和　　　　　年　　月　　日

点検時の走行距離　　　　　　ｋｍ

点検箇所		点検項目	点検結果（○・×）	
運転席での点検	ブレーキ・ペダル	踏みしろ、ブレーキのきき	踏みしろ	
			ブレーキのきき	
	駐車ブレーキ・レバー（パーキング・ブレーキ・レバー）	引きしろ（踏みしろ）		
	原動機（エンジン）	※ かかり具合、異音	かかり具合	
			異音	
		※ 低速、加速の状態		
	ウィンド・ウォッシャ	※ 噴射状態		
	ワイパー	※ 拭き取りの状態		
エンジン・ルームの点検	ウィンド・ウォッシャ・タンク	※ 液量		
	ブレーキのリザーバ・タンク	液量		
	バッテリ	※ 液量		
	ラジエータなどの冷却装置	※ リザーバ・タンク内の液量		
	潤滑装置	※ エンジン・オイルの量		
	ファン・ベルト	※ 張り具合、損傷	張り具合	
			損傷	
車の周りからの点検	灯火装置（前照灯・車幅灯・尾灯・制動灯・後退灯・番号灯・側方灯・反射器）、方向指示器	点灯・点滅具合、汚れ、損傷	点灯・点滅具合	
			汚れ	
			損傷	
	タイヤ	空気圧		
		亀裂、損傷	亀裂	
			損傷	
		異状な摩耗		
		※ 溝の深さ		
前日・前回の運行において異状が認められた箇所				

※印の点検は、当該自動車の走行距離・運行時の状態等から判断した適切な時期に行うことで足りる。

整備の概要	
整備完了年月日	年　　月　　日

　日常点検・整備を行った場合は、「日常点検表」の事項を記録簿に記載し**車両の中で保管**する必要があります。

　通常は車検証やメーカー保証書とともに「メンテナンスノー

4　乗務開始後、日常的に行うこと　　67

ト」などとも呼ばれる小冊子がセットで用意されているので、それに記載しておきましょう。

軽貨物運送事業用自動車の**記録簿保存期間は2年間**です。

⑶ 点 呼

点呼は対面で、業務前、業務終了後の1日2回行います。

ドライバーの体調や車両の状況や運行内容などを確認し、運行の安全を確保するための必要な指示を与えることが目的です。

個人で事業を行っている場合は、自分で自分を点呼することになります。酒気帯び確認を行う際は、自身でアルコール検知器を使ったアルコールチェックや車両の日常点検等の確認を行い、運行ができる状態かを判断する必要があります。

万が一アルコールが検知された場合は乗務してはいけません。また睡眠不足や疲労、疾病等により安全な運行に支障が出るおそれのあるときも同様です。

① 業務前点呼

実施方法	対面・目視で実施
実施時期	運行の業務を開始しようとするとき
実施場所	営業所又は車庫（宿泊を伴う運行等で遠隔地での業務開始時は開始場所にて）
確認事項	・酒気帯びの有無 ・疾病、疲労、睡眠不足その他の理由により安全

68　第2章　シチュエーション別軽貨物運送事業者の実務編

	な運転をすることができないおそれの有無
	・車両の日常点検の実施又はその確認
点呼簿への 記載事項	・点呼実施者名
	・ドライバーの氏名
	・車両番号
	・点呼日時
	・点呼方法
	アルコール検知器の使用の有無
	・ドライバーの酒気帯びの有無
	・ドライバーの疾病、疲労、睡眠不足等の状況
	・日常点検の状況
	・指示事項
	・その他必要な事項

②　業務終了後点呼

実施方法	対面にて目視で実施
実施時期	運行の業務を終了したとき
実施場所	営業所又は車庫（宿泊を伴う運行等で遠隔地での 業務終業時は終了場所にて）
報告・確認 事項	・酒気帯びの有無
	・事業用自動車、道路及び運行の状況
点呼簿記載 事項	・点呼実施者名
	・ドライバーの氏名
	・車両番号
	・点呼日時

4　乗務開始後、日常的に行うこと　69

	・点呼方法 　アルコール検知器の使用の有無 ・自動車、道路及び運行の状況 ・交替ドライバー等への引継ぎ内容 ・ドライバーの酒気帯びの有無 ・その他必要な事項

③　一人で事業を行っている場合の点呼

　個人事業主など一人で事業を行っている場合は、自身でアルコール検知器を使った酒気帯びの有無の確認や車両の日常点検等の確認を行い、運行の可否を判断する必要があります。

④　宿泊を伴う運行等で遠隔地での点呼方法

　宿泊を伴った遠隔地での業務開始、終了場合は、「運行上やむを得ない場合」として電話等による点呼が必要です。この場合、点呼実施者とドライバーが直接対話できる手段でなければならず、電子メールやFAXなどの一方的な連絡方法での点呼は認められません。

　なお、一人で事業を行っている場合は、営業所や車庫で業務を開始又は終了する場合と同様に自ら実施してください。

⑤　アルコール検知器の備え付け

　アルコール検知器を営業所ごとに備え、常に使用できる状態に保持する必要があります。

⑥　中間点呼

　業務前、業務後点呼いずれも対面で行うことができない場合のみ、業務の途中で少なくとも1回、電話等の方法による点呼を行う必要があります。

⑦　IT点呼（遠隔点呼・自動点呼）

　軽貨物運送事業者は現行（令和7年4月時点）の制度ではIT点呼と呼ばれる遠隔点呼・自動点呼を行うことはできません。

⑧　点呼簿への記録と保存

　点呼を行ったら記録をとり、その記録を1年間保存しておく必要があります。

　記録は書面やパソコン・スマートフォンなどで作成します。運転者台帳や業務日報などと連動している運行管理アプリなどもあるので、ご自身が使いやすいものを選んで活用してください。

■点呼記録簿例

点呼記録簿

令和　年　月　日（　）　　会社名　　　　　　営業所名

運転者名 車両番号	業務前点呼								業務後点呼							
	実施日時	点呼方法	点呼執行者	アルコール検知器の使用有無	酒気帯び等の有無	睡眠・疲労・疾病・不足等の状況	日常点検の状況	その他必要な指示事項（天候等）	実施日時	点呼方法	点呼執行者	アルコール検知器の使用有無	酒気帯び等の有無	自動車・道路及び運行の状況	交替運転者に対する通告	その他必要な指示事項
	月 日 ：	対面 その他（ ）		有・無	有・無				月 日 ：	対面 その他（ ）		有・無	有・無			
	月 日 ：	対面 その他（ ）		有・無	有・無				月 日 ：	対面 その他（ ）		有・無	有・無			
	月 日 ：	対面 その他（ ）		有・無	有・無				月 日 ：	対面 その他（ ）		有・無	有・無			
	月 日 ：	対面 その他（ ）		有・無	有・無				月 日 ：	対面 その他（ ）		有・無	有・無			
	月 日 ：	対面 その他（ ）		有・無	有・無				月 日 ：	対面 その他（ ）		有・無	有・無			

注1）「点呼方法」において１人で事業を行っている場合であって運転者自ら点呼を行った場合には「対面」に○をつけてください。

注2）点呼の記録は１年間保存しなければいけません。

⑷ 過積載の防止

　過積載はブレーキがきかなくなったり、ハンドルがとられたりと大変危険であり、大きな事故を引き起こすおそれがあります。そのため過積載については道路交通法や貨物運送事業法などで厳しく禁止されています。

　また事業者は、過積載による運送の防止について、ドライバーに対して適切な指導及び監督を行う必要があります。

■軽貨物事業用自動車の最大積載量

貨物用（バンやトラックタイプのもの）

　　ドライバー＋1名乗車　　350kg

乗用（軽乗用車）

　　ドライバーだけの乗車＝ 165kg

　　ドライバー＋1名乗車＝ 110kg

　　ドライバー＋2名乗車＝ 55kg

※　4人乗車する場合は軽貨物事業として使用できません。

■過積載防止義務違反となる行為

・過積載での運送の引受け

・過積載運送を前提とした運行計画の作成

■貨物積載時の遵守事項

・偏荷重が生じないように積載すること

・貨物が運搬中に荷崩れ等により車から落下することを防止するため、貨物にロープ又はシートを掛けるなど必要な措置を講ずること

4　乗務開始後、日常的に行うこと　　73

⑸ 道路の通行禁止や制限の違反防止

　道路によっては、車両の幅や重量、高さなどの最高限度が設けられていることがあり、それを超えている車両での通行は行わないことを徹底しなければなりません。

　また、通行が制限されている道路において、通行許可を得た場合、許可の必要性や許可の条件や制限について理解した上で、通行可能な経路を把握することが求められます。

`NEW`

バイク便不要

⑹ 業務記録（日報）の作成・保存

　令和7年4月1日から、軽貨物事業用自動車に乗務して行った業務については、何時から何時まで業務を行ったのかなどを日々記録し、保存することが義務化されました。

　日報の記録・保存方法は書面やパソコン・スマートフォンなどで作成します。点呼の箇所でも述べましたが、運行管理アプリなどを活用し、負担のない方法で行うことをお勧めします。

　業務日報の保存期間は1年間です。

■日報に記載しなければならない項目

ドライバー等の氏名
車両番号
業務の開始・終了の地点、日時、主な経過地点、距離
業務を交替した場合、その地点及び日時
休憩・睡眠をとった場合、その地点及び日時

荷主都合により集貨・配達を行った地点（集貨地点等）で30
分以上待機した場合
・集貨地点等
・荷主から到着日時を指定された場合はその日時
・集貨地点等での荷役作業の開始・終了日時
・集貨地点等で附帯業務を行った場合はその開始・終了日時
・集貨地点等からの出発日時

集貨地点等で荷役作業等をした場合（荷主との契約書に荷役作
業について明記されているときは荷役作業等が1時間以上）
・集貨地点等
・荷役作業等の開始・終了日時
・荷役作業等の内容
・上記3項目について荷主の確認が得られた場合は、荷主が確
　認したことを示す事項、確認が得られなかった場合はその旨

（人身事故、物損事故、国土交通大臣への報告が必要な事故又
は著しい運行の遅延その他の異常な状態が発生した場合）その
概要及び要因

■荷役作業等とは

　荷物を運ぶ（運送）以外の作業のことです。
例）棚入れ、仕分け、検品、ラベル貼り

4　乗務開始後、日常的に行うこと　　75

■業務の記録記載例（国土交通省）

業務の記録

運転者の氏名	山田　一郎				
車両番号	練馬	000	れ	0000	
日にち	令和 7 年　4 月　1 日				
業務開始地点・日時	本店　車庫	令和 6 年　4 月　1 日			9:00
業務終了地点・日時	本店　車庫	令和 6 年　4 月　1 日			17:00
走行距離計の表示	出発時　　　　10100 km	到着時　　　　10250 km			
業務に従事した距離	150 km				

	地点	着時刻	発時刻	備考
主な経過地点 到着時刻・出発時刻	本店　車庫		9:00	
	○○物流センター	9:30	10:30	積み込み
	××地区	11:00	12:50	配送
	△△公園	13:00	14:00	休憩
	××地区	14:10	16:50	配送
	本店営業所　車庫	17:00		

業務を交替した場合、 地点・日時		令和　　年　　　月　　　日

荷主の都合により集貨又は配達を行った地点で30分以上待機した場合

集貨地点等	○○物流センター
到着指定日時 （荷主指定の場合）	令和 6 年　4 月　1 日　9:30
到着日時	令和 6 年　4 月　1 日　9:30
荷役作業の開始・終了	令和 6 年　4 月　1 日　10:10 ～ 10:20
附帯業務の開始・終了	令和 6 年　4 月　1 日　10:20 ～ 10:30
出発日時	令和 6 年　4 月　1 日　10:30
備考	待機時間9:30～10:10

※1　「集貨地点等」は、集貨又は配達を行った地点。「荷役作業」は、集貨地点等における積込み又は取卸し。「附帯業務」は、集貨地点等で、貨物の荷造り、仕分その他の貨物自動車運送事業に附帯する業務。

※2　荷主の都合とは、事業者としての運行計画又は運行指示によらない、荷主の指示等によるものをいい、事業者の都合により生じた待機時間は、これに含まない。

荷役作業又は附帯業務（荷役作業等）を実施した場合（荷主との契約書に実施した荷役作業等の全てが明記されている場合にあっては、当該荷役作業等に要した時間が1時間以上である場合に限る）

集貨地点等	○○県○○市○○1-1-1
荷役作業等の開始・終了	令和 6 年 4 月 1 日　14:20 〜 14:40
荷役作業等の内容	個別に置かれている荷物の荷造り作業
荷主の確認の有無	口頭により確認あり
備考	

※1 「集貨地点等」は、集貨又は配達を行った地点。「荷役作業」は、集貨地点等における積込み又は取卸し。「附帯業務」は、集貨地点等で、貨物の荷造り、仕分その他の貨物自動車運送事業に附帯する業務。

※2 荷主の確認の有無とは、集荷地点等、荷役作業等の開始・終了、荷役作業等の内容について荷主の確認が得られた場合にあっては荷主が確認したことを示す事項。確認が得られなかった場合にあってはその旨

事故、著しい運行の遅延、その他の異常な状態が発生した場合

概要及び要因	国道○○号線が○○による渋滞のため、○○時に○○へ到着する予定であったが、大幅に遅れ○○時に到着した。

（保存期間：1年）

4　乗務開始後、日常的に行うこと

5 交通事故があったときに 行うべきこと

(1) 事故現場で行うこと

　交通事故があったときは、直ちに車を停めてください。負傷者がいる場合は救護を最優先し、必要があれば、救急車の手配を行います。そして道路から事故車を安全な場所に移動させてください。移動が難しい場合は、ハザードランプの点灯や非常信号灯などで他車へ知らせるなど、さらなる事故が起きないよう必要な措置を講じてから警察へ連絡します。

　警察官が現場に到着したら以下の事項を報告します。
・事故の発生日時
・死傷者の数と負傷の程度
・事故により損壊した物と損壊の程度
・事故に関わる車両の積載物
・事故について講じた措置

NEW

(2) 事故記録の作成

　令和7年4月1日以降に事業用軽貨物自動車に関わる事故が発生した場合には、事故の記録の作成と保存が義務付けられまし

た。

　事故記録の保存期間は3年間です。

　事故記録の作成・保存方法は、書面またはパソコンやスマートフォンなどのいずれでも差し支えありません。

■記載しなければならない事項

乗務員等の氏名
事業用自動車の車両番号
事故の発生日時
事故の発生場所
事故の当事者（乗務員等を除く）の氏名
事故の概要（損害の程度を含む）
事故の原因
再発防止対策

■事故記録の記入例

事故の記録

作成日	令和 7 年 6 月 12 日
運転者の氏名	○○○○
車両番号	練馬　000　れ　1234
事故の発生日時	令和 7 年 6 月 11 日 17:00
事故の発生場所	○○都○○区○○1-1-1付近
事故の当事者（運転者を除く）の氏名	

事故の概要

当時の状況	運転者○○○○は、令和7年6月11日午前9時00分に業務前点呼を実施し、○○に向け出庫した。午前9時45分に○○に到着後荷物を積み込み、午前10時に○○地区へ向け出発した。17:00○○地区にて配送のため走行中、住宅街である上記場所付近において、道幅が狭く右側に注意が向いていたところ、左側の電柱に気づかず、車両左側のミラーが電柱に接触し、そのまま車体左側面も接触してしまった。この事故によるけが人はいなかったが、電柱の一部に傷ができてしまった。
事故の種類	電柱への接触
道路等の状況	住宅街、道路幅員○m程の平坦な道路
当時の運行計画	9:00出庫～9時45（荷主）にて積み込み～10時から18時、○○地区にて配送～19時帰庫
損害の程度	車両左側面のすり傷、左サイドミラーの破損
事故の原因	左前方確認不足
再発防止対策	住宅街や狭い道路において、歩行者や自転車の存在も考慮し、左右両サイドの確認、確実な減速、一時停止、また、目視による確実な安全確認を心掛ける。

(保存期間：3年)

`NEW`

⑶　国土交通大臣への事故報告

　令和7年4月1日以降に起きた、軽貨物事業用自動車での重大な事故については、国土交通大臣への提出が義務付けられました。

■事故報告書の提出が求められる事故

自動車が転覆し、転落し、火災を起こし、又は鉄道車両と衝突し、もしくは接触したもの
10台以上の自動車の衝突又は接触を生じたもの
死者又は重傷者※を生じたもの
10人以上の負傷者を生じたもの
自動車に積載された危険物、火薬類、高圧ガス、シアン化ナトリウム又は毒物、可燃物などの全部もしくは一部が飛散し、又は漏えいしたもの
酒気帯び運転、無免許運転、無資格運転、麻薬等運転を伴うもの
疾病により、事業用自動車の運行を継続することができなくなったもの
救護義務違反があったもの
自動車の装置の故障により、自動車が運行できなくなったもの
車輪の脱落、被牽けん引自動車の分離を生じたもの
橋脚、架線その他の鉄道施設を損傷し、3時間以上本線において鉄道車両の運転を休止させたもの

5　交通事故があったときに行うべきこと　　81

高速自動車国道又は自動車専用道路において、3時間以上自動車の通行を禁止させたもの
自動車事故の発生の防止を図るために国土交通大臣が特に必要と認めて報告を指示したもの

※　重傷者とは以下に該当する場合をいいます。
- □ 脊柱の骨折
- □ 上腕又は前腕の骨折
- □ 内臓の破裂
- □ 病院に入院することを要する傷害で、医師の治療を要する期間が30日以上のもの
- □ 14日以上病院に入院することを要する傷害

　報告書は3枚作成し提出します。

　提出先は、その自動車の使用の本拠地を管轄する運輸支局等となります。報告期限は、以下の事故を除き、**事故があった日から30日以内**に行わなければいけません。

■**報告期限が例外の事故**

事故の種類	報告時期
救護義務違反があったもの	救護義務違反があったことを知った日から30日以内
自動車事故の発生の防止を図るために国土交通大臣が特に必要と認めて報告を指示したもの	指示があった日から30日以内

82　第2章　シチュエーション別軽貨物運送事業者の実務編

■国土交通大臣への事故報告の様式（表面）記入例

別記様式（第3条関係）　　　　　　　　（表）

自　動　車　事　故　報　告　書

国土交通大臣　○○○○　殿

自動車の使用者の氏名又は名称　　　山田　一郎
住　　　所　東京都練馬区下石神井○-○-○
電話番号　　０９０-○○○○-○○○○
令和7　年　5　月　20日　提出

☆発生日時	令和7年　5月　1日　20時　15分	☆路線名又は道路名	東京都道　環状8号線
天　候	1晴れ　②曇　3雨　4雪　5霧　6その他		
☆発生場所	東京⦿都道／府県　練馬⦿区市／郡　○○　区⦿町／村　1234　番地		

☆当該自動車の使用の本拠の名称及び位置	☆自動車登録番号又は車両番号
東京都練馬区下石神井○-○-○　山田　一郎	練馬480れ0000

☆当時の状況

当該運転者山田一郎は、5月1日午前9時、乗務前点呼を行い、荷主の○○へ向け出発した。
午前9時30分に荷主○○の倉庫に到着し、120個の荷物を積み込み午前10時に配送エリアである
練馬区○○町へ向け出発。120件の配達を終え、20時に配送エリアから荷主○○の倉庫へ向け
出発。上記場所付近の環状8号線を約50キロで走行中、赤信号で停車していた乗用車に衝突
し、当該運転者は頚椎捻挫、乗用車の運転者が左足を骨折し重傷を負った。

☆◆現場の略図（道路上の事故の場合には車線の区分を明らかにして図示すること。）

☆当時の処置	乗用車側に被害者がいることを確認したため、救急車を要請し、警察に連絡した。その後、当該運転者、被害者とも病院に運ばれた。
☆事故の原因	脇見運転による前方停止車両の発見の遅れ
☆再発防止対　策	運転中は運転に集中し、常に前方確認を怠らないようにする
※備　　考	

（日本産業規格A列4番）

5　交通事故があったときに行うべきこと　　83

（裏面）

（裏）

事故の種類

区分	1 転覆	2 転落	3 路外逸脱	4 火災	5 踏切	6 衝突	7 死傷	8 危険物等	9 車内	10 飲酒起因	11 健康起因	12 救護違反	13 車両故障	14 交通障害	15 その他

☆発生の順

☆転落等の状態　落差　　　m　　水深　　　m

衝突等の状態　1正面衝突　2側面衝突　3追突　4接触　5物件衝突

当該自動車

☆車名　　☆型式　　☆車体の形状　　☆初度登録年又は初度検査年

事業用
- 1 乗合旅客　2 貸切旅客
- 3 乗用旅客　4 特定旅客
- 5 一般貨物（イ特別積合せ貨物　ロその他）
- 6 特定貨物　7 特定第二種
- 8 貨物軽（四輪）　9 貨物軽（三輪以下）

自家用
- 1 有償貸渡し（レンタカー）
- 2 有償旅客運送　3 その他

種別　1 普通　2 小型　3 その他

☆乗車定員　　人　　☆当時の乗車人員　　人

☆最大積載量　　kg　　☆当時の積載量　　kg

当該自動車の概要

安全運転支援装置
衝突被害軽減ブレーキ	1有	2無
ドライバー異常時対応システム	1有	2無
側方衝突警報装置	1有	2無

許可等の必要性
制限外許可	1有	2無
特殊車両通行許可	1有	2無
保安基準の緩和	1有	2無

許可等の取得状況
制限外許可	1有	2無
特殊車両通行許可	1有	2無
保安基準の緩和	1有	2無

貨物の内容
- 1 土砂等　2 長大物品等　3 コンテナ
- 4 生コンクリート　5 危険物　6 冷凍、冷蔵品
- 7 原木、製材　8 曳鋼　9 その他

積載危険物
- 運搬の有無　1有　2無
- 種類　1危険物　2火薬類　3高圧ガス　4核　5RI　6毒劇物　7可燃物
- ☆品名及び積載量又は放射能の量　品名（　）（　）kg, l　（　）Bq
- イエローカードの携行状況　1有　2無

道路等の状況

種類　1道路（イ高速自動車国道　ロ自動車専用道路等　ハその他の場所）2その他の場所

☆道路の幅員　　m

こう配　1平たん　2上り　3下り

道路の形態　1直線　2右曲り　3左曲り　4交差　5つづら折り

路面の状態　1乾　2湿　3積雪　4氷結

警戒標識の設置　1有　2無　☆当該道路の制限速度　　km/h

踏切の状態　1遮断機付き　2警報機付き　3その他

☆当時の運行計画　（発地・経由地・着地）

営業所及び運行等の状況

◆運送契約の相手方の氏名又は名称、住所等（貸切旅客のみ）

安全性優良事業所の認定（貨物のみ）　1有　2無

運送形態　1下請運送　2その他

☆荷送人の氏名又は名称及び住所

☆荷受人の氏名又は名称及び住所

☆危険認知時の速度　　km/h

☆危険認知時の距離　　m

☆スリップ距離　　m

当時の状況

当該自動車の事故時の走行等の態様
- 1直進（加速）　2直進（減速）　3直進（定速）
- 4後退　5追越　6右折
- 7左折　8駐車　9停車
- 10転回　11合流　12その他

道路上での事故の場合には事故発生地点
- 1車道　2歩道　3横断歩道
- 4路側帯　5路肩
- 6交差点　7バス停留所
- 8トンネル　9その他

死傷事故の場合には死傷者の状態
- 1左側通行　2右側通行
- 3信号無視　4車道通行
- 5歩道通行　6横断歩道歩行
- 7その他の直前横断　8斜横断
- 9飛び出し　10横断
- 11路上作業　12路上遊戯
- 13幼児　14安全地帯
- 15自転車運転　16その他

車両の故障に起因する場合には故障箇所
- 1原動機（速度抑制装置を除く）　2速度抑制装置
- 3動力伝達装置　4車輪（タイヤを除く）　5タイヤ
- 6車輪　7操縦装置　8制動装置　9緩衝装置
- 10燃料装置　11電気装置　12車枠及び車体
- 13連結装置　14乗車装置　15物品積載装置
- 16窓ガラス　17警音器防止装置
- 18ばい煙等の発散防止装置
- 19灯火装置及び指示装置
- 20反射器　21警音器
- 22視野を確保する装置（後写鏡、窓拭き器等）
- 23計器（速度計、走行距離計等）　24消火器
- 25内圧容器及びその附属装置　26自動運行装置
- 27運行記録計　28その他

運転者

☆氏名

☆年齢　　才

☆経験年数　　年　　月

自動車の運転を職業とする者にあっては勤務状況
- 本務・臨時の別　1本務　2臨時
- 事故前日以前1ヶ月間に出勤しなかった日数　　日
- ☆乗務開始から事故発生までの乗務時間及び乗務距離　　時間　　km
- ☆最近出勤しなかった日から事故日までの勤務日数及び乗務距離の合計　勤務日数　　乗務距離　　km

損害の程度　1死亡　2重傷　3軽傷

シートベルトの着用状況　1着用　2非着用　3非装備

交替運転者の配置　1有　2無　（交替後の乗務時間及び乗務距離）時間

アルコール依存症のスクリーニング検査の受診状況　（最近の受診年月日）　年　月　日　1運行前　2運行中

☆飲酒の時点及びその飲酒量　（飲酒量）

過去3年間の事故の状況　（過去3年間の事故件数）件　（最近の事故年月日）年　月　日

過去3年間の道路交通法の違反の状況　（過去3年間の違反件数）件　（最近の違反年月日）年　月　日

過去3年間の適性診断の受診状況　1有　2無　（適性診断受診場所）

最近の健康診断の受診年月日　（最近の受診年月日）年　月　日

特定自動運行保安員

☆氏名

☆年齢　　才

☆経験年数　　年　　月

本務・臨時の別　1本務　2臨時

損害の程度　1死亡　2重傷　3軽傷

業務場所の別　1車両内　2車両外

シートベルトの着用状況　1着用　2非着用　3非装備

最近の健康診断の受診年月日　（最近の受診年月日）年　月　日

本務・臨時の別　1本務　2臨時

損害の程度　1死亡　2重傷　3軽傷

シートベルトの着用状況　1着用　2非着用　3非装備

☆運行管理者等

	運行管理者・貨物自動車安全管理者	統括運行管理者
氏名		
運行管理者資格者証番号又は貨物自動車安全管理者講習修了番号		

☆損害の程度
- ◆死亡　　人（うち乗客　　人）
- 重傷　　人（うち乗客　　人）
- 軽傷　　人（うち乗客　　人）

`NEW`

⑷　事故の速報

　次の項目に該当する事故があったとき、または国土交通大臣の指示があったときは、報告書の提出のほか、**24 時間以内**に、できる限り速やかに、その事故の概要を運輸監理部長又は運輸支局長に速報しなければなりません。

　事故の速報は電話など適切な方法によって行ってください。

２人以上の死者を生じたもの
５人以上の重傷者[※]を生じたもの
10 人以上の負傷者を生じたもの
自動車に積載された危険物・火薬類・高圧ガス・毒物又は劇物等が飛び散ったり漏れ出たもの（自動車が転覆・転落・火災・又は鉄道車両・自動車などと衝突・接触したことにより生じたものに限る。）
酒気帯び運転を伴うもの
脳疾患、心臓疾患及び意識喪失に起因すると思われるもの

※　重傷者の定義は 82 ページと同じです。

`NEW`

バイク便不要

⑸　事故惹起運転者に対する特別な指導と適性診断受診

　令和 7 年 4 月 1 日以降に軽貨物事業用自動車で事故を起こしたドライバーで、次のいずれかに該当する場合は、事故惹起運転

5　交通事故があったときに行うべきこと　　85

者として特別な指導の実施と適性診断の受診が義務付けられました。

☐　死者又は重傷者が生じた交通事故を引き起こした場合

☐　軽傷者が生じた交通事故を引き起こし、さらに、その事故より前の3年間に交通事故を引き起こしたことがある場合

■届出と実施のタイミング

令和7年3月31日以前に経営届出を行っている事業者
☐　令和7年3月31日以前に事故惹起運転者の対象となった方 <div align="right">**実施不要**</div>
☐　令和7年4月1日〜令和10年2月29日の間に事故惹起運転者の対象となった方 <div align="right">**令和10年3月31日までに実施**</div>
☐　令和10年3月1日以降に事故惹起運転者の対象となった方 <div align="center">**事故後、再度事業用自動車に乗務する前までに実施**</div><div align="center">（やむを得ない場合は乗務開始後1か月以内）</div>
令和7年4月1日以降に経営届出を行っている事業者
<div align="center">**事故後、再度事業用自動車に乗務する前までに実施**</div><div align="center">（やむを得ない場合は乗務開始後1か月以内）</div>

①　特定診断の受診

以下の区分に応じた特定診断を受診します。

特定診断Ⅰ	死者又は重傷者を生じた交通事故を起こし、さらに、今回の事故の前1年間に交通事故を起こしていない者
	軽傷者を生じた交通事故を起こし、さらに、今回の事故の前3年間に交通事故を起こしたことがある者
特定診断Ⅱ	死者又は重傷者を生じた交通事故を起こし、さらに、今回の事故の前1年間に交通事故を起こしたことがある者

■受診の時期

　当該交通事故を引き起こした後、再度事業用自動車に乗務する前。

　やむを得ない事情がある場合には、再度乗務を開始した後1か月以内に受診。

■受診方法

　特定診断は国土交通省の認定を受けた機関で受診する必要があります。

★受診機関一覧（国土交通省リンク）はこちら↓
　https://www.mlit.go.jp/jidosha/anzen/03safety/instruction.html

② 事故惹起運転者への特別な指導の実施

　事故を起こした後に、貨物軽自動車安全管理者講習を受講した場合、特別指導は必要ありません。

■実施時期
　当該交通事故を引き起こした後、再度事業用自動車に乗務する前に実施。

　やむを得ない事情がある場合には、再度乗務を開始した後1か月以内に実施。なお、外部の専門的機関における指導講習を受講する予定である場合はこの限りでない。

■指導内容
☐　事業用自動車の運行の安全の確保に関する法令等
☐　交通事故の事例の分析に基づく再発防止対策
☐　交通事故に係る運転者の生理的及び心理的要因と対処法
☐　事故防止のために留意すべき事項
☐　危険の予測及び回避
☐　安全運転の実技（添乗指導）※
※　添乗指導については可能な限り実施
★具体的な指導内容はこちら　→　**第4章** 157ページ

■実施時間
・添乗指導以外で合計5時間以上

■実施者
・事業者（貨物軽自動車安全管理者もしくは同等の知識を有する

88　第2章　シチュエーション別軽貨物運送事業者の実務編

者）
・外部の専門機関・研修機関

　外部専門機関を利用して特別指導を行う場合は、乗務前の実施でなくても構いません。

　1人で軽貨物運送業を営んでいる場合は、自分が自分に対して指導を行うことになります。事故の再発防止のための正しい知識と技術の習得のため、貨物軽自動車安全管理者講習の受講など外部専門機関の講習を積極的に利用しましょう。

③　運転者台帳への記録と保存

　特別な指導と特定診断の受診の記録と保存については初任運転者の場合と同様です（48ページ参照）。

■事故惹起運転者特別指導記録簿書式例

事故惹起運転者に対する特別指導	
氏　　　名	山田　一郎
実 施 場 所	自宅にてeラーニング
実 施 者	自動車事故対策機構

内容	日時
貨物軽自動車安全管理者講習受講	令和7年6月10日
貨物軽自動車運送事業の現状について 貨物軽自動車運送事業の法規則について 貨物軽自動車安全管理者制度について 運行管理の実務について 自動車事故防止に関すること （飲酒運転防止対策・健康管理・適性診断の活用）	9：00～15：00 （ 計5時間 ）

90　第2章　シチュエーション別軽貨物運送事業者の実務編

6 必要な時期に定期的に 行うべきこと

(1) 一般的な指導及び監督

　事業用自動車のドライバーとして必要な運転に関する技能や知識を習得するために毎年一般的な指導を実施する必要があります。実施する際は複数回に分けて行うことも可能です。

　実施内容は初任者運転者の特別指導の添乗指導を除いたものと同じです（初任者運転者への特別指導については44ページ参照）。実施時間についての定めはありませんので、事業者が適切だと考える時間で実施してください。

　実施記録の作成と保存に関しても初任運転者への特別指導と同様です（特別指導の記録と保存については48ページ参照）。

実施時期
毎年（複数回に分けての実施も可）
実施内容
□貨物自動車運送事業法その他法令に基づき運転者が遵守すべき事項
□事業用自動車の運行の安全を確保するために必要な運転に関する事項
（具体的な内容）

- 事業用自動車を運転する場合の心構え
- 事業用自動車の運行の安全を確保するために遵守すべき基本的事項
- 事業用自動車の構造上の特性
- 貨物の正しい積載方法
- 過積載の危険性
- 危険物を運搬する場合に留意すべき事項
- 適切な運行の経路及び当該経路における道路及び交通の状況
- 危険の予測及び回避並びに緊急時における対応方法
- 運転者の運転適性に応じた安全運転
- 交通事故に関わる運転者の生理的及び心理的要因並びにこれらへの対処方法
- 健康管理の重要性
- 安全性の向上を図るための装置を備える事業用自動車の適切な運転方法

記録と保存	
記録事項	指導を実施した日時、場所 指導内容 指導・監督を行った者 指導・監督を受けた者
保存期間	３年間保存
保存方法	書面又はパソコンやスマートフォンなどを利用した電磁的な方法のいずれも可

備　考
事業者がドライバーに対して実施 外部専門機関を利用することも有効

`NEW`

バイク便不要

⑵ 65歳以上のドライバーに対する特別な指導と適齢診断

　令和7年4月から65歳以上のドライバーに対する特別な指導と適齢診断が義務化されました。

　65歳に達した日以後1年以内に適齢診断を受診し、受診結果が判明した後1か月以内に特別な指導を行います。またその後は**3年以内ごと**に1回実施する必要があります。

■届出と実施のタイミング

令和7年3月31日以前に経営届出を行っている事業者
□　令和7年3月31日以前に高齢運転者の対象になっている方 　　　　　　　　　　　　　　　　　　　　　　**実施不要**
□　令和7年4月1日〜令和9年3月31日の間に高齢運転者の対象になった方 　　　　　　**令和10年3月31日までに適性診断を受診** 　　　　　　**そこから1か月以内に特別指導を実施**
□　令和9年4月1日以降に高齢運転者の対象になった方 　　　**65歳に達した日以後1年以内に適齢診断を受診し、** 　　　**受診結果が判明した後1か月以内に特別指導を実施**
令和7年4月1日以降に経営届出を行っている事業者
65歳に達した日以後1年以内に適齢診断を受診し、 　　　**受診結果が判明した後1か月以内に特別指導を実施**

6　必要な時期に定期的に行うべきこと　　93

① 適齢診断

■受診の時期

　65歳に達した日以後1年以内に適齢診断を受診し、その後は3年以内ごとに1回受診。

　65歳以上の者を新たに運転者として乗務させる場合は当該乗務の日から1年以内に受診。

■受診方法

　国土交通省の認定を受けた機関で受診する必要があります。

★受診機関一覧（国土交通省リンク）はこちら↓
　https://www.mlit.go.jp/jidosha/anzen/03safety/instruction.html

② 特別な指導

　適齢診断の結果が判明した後1か月以内に実施します。
　指導内容は、適性診断の結果を踏まえ、ドライバーの加齢に伴う身体機能の変化の程度に応じた事業用自動車の安全な運転方法等について、ドライバー自ら考えるような内容で指導を行います。

■実施時期

　適齢診断の結果が判明した後1か月以内に実施。

■実施者
・事業者（貨物軽自動車安全管理者もしくは同等の知識を有する者）
・外部の専門機関・研修機関

　１人で事業を営んでいる場合は、自分が自分に対して指導を行うことになり、客観的な指導は難しいのが通常です。より効果的な成果を得るためには、外部専門機関の講習を利用することをお勧めします。

③　運転者台帳への記録と保存

　特別な指導と特定診断の受診の記録と保存については初任運転者の場合と同様です（48 ページ参照）。

■高齢運転者教育記録簿例

高齢運転者に対する特別指導

氏　　　名	○○○○　○○
適齢診断受診日	令和7年　6月　　1日
実施年月日 時　　　　間	令和7年　6月　20日 3時00分　～　14時00分
実施場所	○○営業所
実施者	軽自動車安全管理者　○○○○

内容

適性診断の結果を踏まえ、ドライバーの加齢に伴う身体機能の変化の程度に応じた事業用自動車の安全な運転方法等について自ら考えるように指導する。

（具体的指導内容）

適齢診断の受診結果をもとに、現在の○○○○　○○さんの体調や業務上で困っている点、問題だと感じる点について聞きながら、今後の業務内容、働き方などを話し合った。適齢診断の結果から、注意力と夜間視力に注意が必要であることを認識し、夜間の運転については、さらなる安全運転を心がけることを要請した。

（備考）

⑶　健康診断

　病気が原因での事故を防止するため、**個人事業主の場合も含め**ドライバーには**1年に1回健康診断の受診**が求められています。

　事業用自動車の事故で、病気が原因の事故は年々増加傾向にあり、その中でも心臓疾患・脳疾患が多くを占めています。健康的に働くためにも、定期的に健康診断を受け、病気の早期発見に努めましょう。

　従業員を雇用している事業者については、ドライバー職以外の従業員への健康診断の実施も義務となっています。詳しくは後述131ページを参照してください。

⑷　定期点検

　軽貨物運送事業用自動車は、**1年に1回**、法令で定められた項目について点検・整備するよう義務付けられています。

　定期点検は、車検（検査）とは別に、自動車装置内部部品の磨耗や不具合などを発見し整備するためのものです。日常点検に比べて大がかりな点検整備となり専門的な知識・技術も必要なので、国の認証を受けた整備工場に依頼されることをお勧めします。

　また点検や整備を行った際は記録簿（メンテナンスノート）に記載し、**車両の中で2年間保管しておく必要**があります。整備工場で実施した場合は整備士が実施内容を記録簿（メンテナンスノート）に記載してくれます。

7　事業についての変更が あったときに行うこと

　軽貨物運送事業に関して変更があったときは、運輸支局等への届出が必要です。

(1)　住所等の変更・車両台数変更・廃業

①　運輸支局等での手続き

■必要書類

貨物軽自動車運送事業経営変更等届出書	2部（提出用・控え用）
事業用自動車等連絡書	2部（提出用・控え用）
車検証	コピー可 電子車検証の場合は自動車検査証記録事項を添付 新車の場合は、車台番号が確認できる書面（完成検査証など）

98　第2章　シチュエーション別軽貨物運送事業者の実務編

■貨物運送事業経営変更等届出書記入例（廃業）

廃止の例

関東 運輸局 東京 運輸支局長 殿 　　　届出日　令和 7 年 4 月 1 日

貨物軽自動車運送事業経営変更等届出書

今般、貨物軽自動車運送事業の届出事項の変更等について、貨物自動車運送事業法第36条及び同法施行規則第33条又は第34条の規定により、関係書類を添えて届出いたします。

届出者の氏名又は名称並びに代表者の氏名	変更予定日	令和	7	年	4	月	1	日

ふりがな	やまだ いちろう		
氏名又は名称	山田 一郎	（通称名：	山田運送　　　　）
代表者氏名			
住　　所	東京都練馬区下石神井○-○-○		
電話番号	０９０-○○○○-○○○○		

> 変更する予定の日を記入
> 事業の廃止、譲渡、分割、合併の届出の場合はそれぞれの日を記入
> 死亡の届出はの死亡の日を記入

> 事業開始届と同様に記入
> 変更箇所がある場合は変更後の内容を記入
> 事業の譲渡・死亡の届出の場合は届出をする方の氏名住所等を記入
> 電話番号は事業に関して連絡先となる電話番号を記入

届	出	内	容
① 氏名又は名称及び住所（主たる事務所の名称及び位置）		④ 事業用自動車の種別ごとの数（乗車定員）	
② 代表者		⑤ 自動車車庫の位置及び収容能力	
③ 営業所の名称及び位置		⑥ 乗務員の休憩又は睡眠の施設の位置及び収容能力	

記載欄	営業所名	新	旧
① ②			
③			

> 変更後の該当内容を新の欄に記入し、変更前の内容を旧の欄に記入
> ④～⑥の営業所名欄には、変更する営業所の名称を記入

④	本店	軽（普通）	0 両（ 2 名）	軽（普通）	1 両　 2 名）
		軽（霊柩）	両（ 名）	軽（霊柩）	両（ 名）
		二　輪	両（ 名）	二　輪	両（ 名）
⑤		位　置		位　置	
		営業所からの距離	m	営業所からの距離	m
		収容能力	㎡	収容能力	㎡
⑥		位　置		位　置	
		収容能力	㎡	収容能力	㎡

> 譲渡、分割、合併、死亡の届出とともに届出人が事業を相続する場合は、事業を承継した後の事業計画を各欄の新に記入

☑ 廃止届出　□ 譲渡届出　□ 分割届出　□ 合併届出　□ 死亡届出　（該当する□欄にチェックを入れる）

> 廃止、譲渡、分割、合併、死亡の届出は該当するものの□にレ点

変	更	理	由	等
	事業廃止の為			

> 変更の理由を簡単に記入。譲渡、分割、合併、死亡の届出の場合は従前の事業者の氏名又は名称を記入

運行管理体制を記載した書面

所属営業所名	運行管理の責任者氏名

> 譲渡、分割、合併、死亡の届出をする場合に記入

運輸局　　支局長　殿

宣　　誓　　書

□ 届出にかかる自動車車庫については、私に使用権原があることを宣誓します。

□ 届出にかかる自動車車庫の土地・建物は、都市計画法等の関係法令に抵触しないことを宣誓します。

□ 貨物の運送に関し支払うことのある損害賠償の支払い能力を有することを宣誓します。

　　　令和　　　年　　　月　　　日

　　　　　　　　　　　住　所

　　　　　　　　　　　氏　名
　　　　　　　　　　　（名称）

7　事業についての変更があったときに行うこと　　99

②　軽自動車検査協会での手続き

■必要書類

自動車検査証（車検証）	原　本
使用者の住所を証明するもの（使用者又は使用者の住所に変更がある場合）	発行されてから３か月以内のいずれか１点〈個人〉・住民票の写し（マイナンバーが記載されていないもの）・印鑑（登録）証明書〈法人〉・商業登記簿謄（抄）本・登記事項証明書・印鑑（登録）証明書
黒ナンバープレート	手続きをする車両を持ち込み、検査場で黄ナンバープレートに変更することも可能
自動車検査証変更記録申請書	検査場にありＨＰからもダウンロード可能
事業用自動車等連絡書	運輸支局の押印が入った原本

※　必要な手続きにより申請書の様式、必要書類が異なります。
　　管轄の検査協会へ事前に確認してください。

8 個人事業主として労働災害に備える

(1) 労働災害特別加入制度（一人親方労災）とは

　個人で事業を行っていると、自分がケガや病気になってしまい、仕事ができなくなってしまうと、その途端に収入が途絶えてしまうということが心配の種です。もしもの時の備えとして知っておきたいのが国の制度である労災保険です。

　労災保険ときくと会社に雇われている人のためにあるもので、個人事業主には関係のないもの、というイメージがあるかもしれません。しかし個人事業主のための労災保険制度として一人親方労災と呼ばれる「**特別加入制度**」というものがあります。
　一人親方労災は従業員を雇っていない個人事業主が加入できる労災です。

(2) 補償の対象となる範囲

　労災は働いているときに負ったけがや病気について補償する制度なので、軽貨物運送の業務に関係する、以下の条件に当てはまる場合について補償対象となります。

□軽貨物運送の事業用自動車を運転する作業（運転補助作業を含

む）、貨物の積み卸し作業、またこれら作業に直接付随して
行ったこと

□台風、火災などの突発事故により予定外に緊急の出勤を行った
こと

(3)　保険料

給付基礎日額	年間保険料
25,000 円	100,375 円
24,000 円	96,360 円
22,000 円	88,330 円
20,000 円	80,300 円
18,000 円	72,270 円
16,000 円	64,240 円
14,000 円	56,210 円
12,000 円	48,180 円
10,000 円	40,150 円
9,000 円	36,135 円
8,000 円	32,120 円
7,000 円	28,105 円
6,000 円	24,090 円
5,000 円	20,075 円
4,000 円	16,060 円
3,500 円	14,047 円

ご自身で給付基礎日額を設定して申請します。

給付を受ける時は、給付基礎日額をもとに給付金額が計算され

102　第2章　シチュエーション別軽貨物運送事業者の実務編

ます。保険料と支給額を考えて適切な額を設定してください。

⑷ 加入方法

　加入の手続きは、特別加入団体を通して行います。軽貨物運送の場合は、「運送業」を取り扱っている団体に加入します。団体によって取り扱っている業種・地域が違いますので、詳しくは最寄りの労働局・労働基準監督署もしくは社会保険労務士[※]へお問い合わせください。

※　社会保険労務士は労災保険の手続きができる国家資格者です。

■保険給付の種類

　主な給付について表にまとめました。

　給付については様々な条件があり、傷病・障害の状態によって細かく分かれています。詳しく知りたい場合は労働基準監督署や特別加入団体、社会保険労務士等へお問い合わせください。

令和6年4月1日現在

給付の種類	内　容	例（給付基礎日額 1万円の場合）
治療のための給付 （療養補償給付）	労災指定病院は窓口負担なし 指定以外は治療費を支給	給付基礎日額に関係なく治療費無料

8　個人事業主として労働災害に備える　103

休業のための給付 （休業補償給付）	休業4日目以降、休業1日につき給付基礎日額の80%[※1]。	20日間休業した場合　1万円×80%×（20日－3日）＝13万6,000円
障害を負ったときの給付 （障害補償給付）	【年金】 障害等級が第1級給付基礎日額の313日分～第7級給付基礎日額の131日分が支給 【一時金】 第8級給付基礎日額の503日分～第14級給付基礎日額の56日分 【特別支給金】 障害特別支給金第1級342万円～第14級8万円を一時金として支給	（第1級の場合） ①年金 　1万円×313日＝313万円（年額） ②特別支給金　342万円（一時金）

| 傷病が治癒していないとき[※2]の給付（傷病補償給付） | 【年金】
第1級：給付基礎日額の313日分
第2級：給付基礎日額の277日分
第3級：給付基礎日額の245日分

【特別支給金】
第1級：114万円
第2級：107万円
第3級：100万円
一時金として支給 | （第1級の場合）
①傷病（補償）等年金　1万円×313日＝313万円
②傷病特別支給金（一時金）　114万円 |

遺族への給付 （遺族補償給付）	【年金】 遺族の人数により支給額が異なります 遺族1名 給付基礎日額の153日分または175日分 遺族4名以上 給付基礎日額の245日分 その他条件により一時金の場合あり 【特別支給金】 遺族の人数にかかわらず300万円 一時金として支給	〔遺族が4人の場合〕①遺族年金 1万円×245日＝245万円　②遺族特別支給金300万円（一時金）
葬儀を行ったときの給付 （葬祭料）	31万5,000円に給付基礎日額の30日分を加えた額または給付基礎日額の60日分のいずれか高い方	①31万5,000円＋（1万円×30日）＝61万5,000円 ②1万円×60日＝60万円 よって、高い額の①が支払われます。
介護が必要となったときの給付 （介護補償給付）	介護費用として支出した額が支給されます。	

106　第2章　シチュエーション別軽貨物運送事業者の実務編

※1　療養補償給付60％特別支給金20％の合計
※2　療養開始後1年6か月を経過しても治癒していない状態。治癒とは
　　症状が改善し、健康状態に戻ることと、これ以上治療をつづけても症状
　　が改善される見込みがない状態をいいます。

9 運送業務を外部へ委託する

　自分の仕事を別の会社や個人事業主へ依頼するときに最低限
知っておくべきことについてまとめました。

(1) 業務委託契約を取り交わす

　自分が受注した仕事を別の個人事業主や会社へ外注するとき
は、依頼する業務について明確にし、誤解が生じないようにする
ために業務委託契約書を作成し、合意をとるようにしましょう。
　契約書には業務内容や依頼する期間、料金、解約の方法など、
事前に取り決めておくことをできるだけ詳細に決めておく必要が
あり、法律の知識も必要になることから、業務委託契約書の作成
は弁護士や行政書士といった専門家に依頼することをお勧めしま
す。

(2) 偽装請負に注意する

　個人事業主へ業務委託する場合、実態が雇用になってしまわな
いように注意が必要です。
　業務委託契約は、業務の一部を外部の企業や個人に委託するこ
とをいいます。依頼する側と受ける側が対等な立場であることが
前提として、依頼された業務を遂行します。指揮命令権がない形

で業務を遂行するため、業務の進め方や時間配分などは委託された側の自由です。

　一方、雇用契約は、使用者側に指揮命令権があるため、業務内容や就業時間、業務の進め方について具体的に指示をすることができます。

　業務委託契約であるはずなのに、雇用契約のように勤務時間や業務の進め方について指示や命令をしたり、契約にない業務をやらせたりすると実態として雇用であると判断される可能性があります。

⑶　フリーランスに対する義務

　個人や法人であっても従業員を雇わずに1人で経営している事業主へ業務委託する場合は、令和6年11月に新しくできたフリーランス保護法の内容も把握しておきましょう。依頼元が負うべき義務が明確に示されています。詳しくは後述する192ページを参照してください。

第 3 章

従業員を雇う

> 人を雇うときに知っておいてほしい労働基準法で定められていること、及び社会保険、労働保険などの基本的なルールや手続きなどについてまとめました。
> 実務上不安なときは、労働・社会保険の専門家である社会保険労務士へご相談ください。

1 求人募集についての
ルール

(1) 差別の禁止

　求人募集や採用を決める際に、「年齢」「性別」「障害」について差別することは禁止されています。また出身地や家族構成など本人の責任ではない事柄を理由に採用・不採用を決めてはいけません。

(2) 求人の虚偽記載の禁止

　求人広告を出す際に、求人内容や自社に関する情報について、虚偽や誤解を生じさせる表示は禁止されています。また求人情報は常に最新の内容にしておかなければなりません。

(3) 募集時の労働条件の明示

　求人募集をする際に、業務内容、契約期間、就業場所など、どういう条件で働くのかを明示する必要があります。

2　雇入れ時にやること

(1)　労働契約を結ぶ

　募集の際にも労働条件を明示しますが、採用が決まり、労働契約を結ぶ際には、さらに詳細な内容の労働条件を明示し、書面で従業員に交付しなければなりません。

①　労働条件として明示しなければならない事項

・雇用期間について（契約はいつまでなのか）
・期間の定めがある場合の更新についてのきまり
・仕事をする場所や業務内容
・仕事の時間がいつからいつまでなのか、残業有無、休憩時間、休日・休暇
・賃金の支払いに関すること
・退職に関すること

②　労働契約に盛り込んではいけない事項

・ペナルティや賠償金額をあらかじめ決めておくこと
　例：半年以内の退職は罰金10万円、
　　　車両を損傷した場合　修理代として5万円

・働くことを条件として給与の前貸しをして給与から返済分を差し引くこと
・強制的に会社に積立をさせること
  例：社員旅行を目的として強制的に毎月 5,000 円を給与から天引き

(2)　労働保険への加入

労働保険は労災保険と雇用保険の2種類あります。

①　労災保険

労災保険は、仕事が原因によるケガや病気、死亡や、通勤の途中の事故などの場合に、国が事業主に代わって給付を行う制度です。正社員、パートなどは関係なく、従業員を1人でも雇っていれば加入しなければなりません。

②　雇用保険

雇用保険は、従業員が失業した場合に、生活の安定と再就職促進のための給付を行う制度です。
次の条件に該当する従業員を雇い入れたときは雇用保険に加入しなければなりません。

・31 日以上雇用されることが見込まれること
・1 週間の所定労働時間が 20 時間以上であること

加入手続きなどは、事業所を管轄する労働基準監督署とハローワーク（公共職業安定所）になります。

⑶　健康保険・厚生年金保険への加入

■健康保険：健康保険は、従業員やその家族の、病気、けが、出産、死亡などに対して、必要な給付することで生活を安定させることを目的にした制度です。

■厚生年金保険：厚生年金保険は、高齢や障害に対して年金などを支給する制度です。

　株式会社や合同会社といった法人か、個人事業主でも常時5人以上の従業員がいる場合は加入しなければなりません。75歳未満の正社員のほか、パートやアルバイトであっても、正社員と比べ、「1週間の所定労働時間」及び「1か月の所定労働日数」が4分の3以上であれば加入することになります（なお、従業員が51人以上の事業所については別の要件があります）。

　加入手続きは管轄の年金事務所で行います。

2　雇入れ時にやること　　115

3 労働条件について

(1) 労働時間・休憩・休日

① 労働時間・休憩・休日の基本的なルール

【労働時間の上限】
　1日8時間、1週間40時間

【休憩】
　労働時間が、
　6時間を超えるとき45分
　8時間を超えるとき60分
を、**勤務時間の途中**に与えなければなりません。
　休憩は従業員が自由に使える時間でなければならず、電話対応や荷物管理などを指示されていれば休憩時間ではなく労働時間とみなされます。

【休日】
　1週間に1回もしくは**4週間のうち4回以上**与えなければなりません。

②　時間外労働・休日労働

　労働時間の上限である1日8時間、1週間40時間を超えて働くことをいわゆる残業（時間外労働）といいます。

　1週間に1回もしくは4週間のうち4回と決められている休日に労働をさせる場合を休日労働といいます。

　従業員に時間外労働や休日労働をさせるためには、会社と従業員とで取決め（労使協定）を行い、それを労働基準監督署へ届け出なければいけません。この取決めは労働基準法36条に規定されていることから、**36（サブロク）協定**と呼んでいます。

　36協定の届出を行わなければ従業員に時間外や休日労働させることはできません。

　協定の有効期限は1年間が望ましいとされているため、協定の締結と届出は毎年行います。

　36協定で定めることができる時間外労働の上限は**月45時間、年360時間**です。

　特別な事情があって、そのことについて労使で合意すれば上限年720時間まで延長できますが（特別条項）、以下のことを守らなければなりません。

・時間外労働と休日労働の合計が月100時間未満
・時間外労働と休日労働の合計について、2か月〜6か月の平均がすべて1月当たり80時間以内
・時間外労働が月45時間を超えることができるのは、年6か月

まで

ドライバーについては上限が**年 960 時間**までとなり、

・月 100 時間未満

・2 〜 6 か月平均 80 時間以内

・時間外労働が月 45 時間を超えることができるのは年 6 か月まで
　で

という規制は適用されません。

　ドライバーについては、改善基準告示の時間規制も守らなければなりません（50 ページ参照）。

■時間外労働及び休日労働に関する協定書（例）

（厚生労働省パンフレット「トラック運転者の労働時間等の改善基準のポイント」より）

　　○○運輸株式会社代表取締役○○○○（以下「甲」という。）と○○運輸労働組合執行委員長○○○○（○○運輸株式会社労働者代表○○○○）は、労働基準法第 36 条第 1 項の規定に基づき、労働基準法に定める法定労働時間（1 週 40 時間、1 日 8 時間）を超える労働及び変形労働時間制の定めによる所定労働時間を超える労働時間で、かつ 1 日 8 時間、1 週 40 時間の法定労働時間又は変形期間の法定労働時間の総枠を超える労働（以下「時間外労働」という。）並びに労働基準法に定める休日（毎週 1 日又は 4 週 4 日）における労働（以下「休日労働」という。）に関し、次のとおり協定する。

　第 1 条　甲は、時間外労働及び休日労働を可能な限り行わせないよう
　　　努める。

　第 2 条　甲は、就業規則第○○条の規定に基づき、必要がある場合に

は、次により時間外労働を行わせることができる。

	時間外労働をさせる必要のある具体的な事由	業務の種類	従事する労働者数（満18歳以上の者）	延長することができる時間		
				1日	1箇月	1年
① 下記②に該当しない労働者	季節的な需要、発注の増加に対処するため	自動車運転者（トラック）	20人	5時間	45時間	360時間
	一時的な道路事情の変化等に対処するため					
	季節的な需要、発注の増加に対処するため	運行管理者	3人	5時間	45時間	360時間
	季節的な需要、発注の増加に対処するため	荷役作業員	10人	3時間	30時間	250時間
② 1年単位の変形労働時間制により労働する労働者	予期せぬ車両トラブルに対処するため	自動車整備士	3人	3時間	42時間	320時間
	月末の決算業務	経理事務員	5人	2時間	20時間	200時間

2　自動車運転者（トラック）については、前項の規定により時間外
　労働を行わせることによって「自動車運転者の労働時間等の改善の
　ための基準」（以下「改善基準告示」という。）に定める1箇月及び
　1年についての拘束時間並びに1日についての最大拘束時間の限度
　を超えることとなる場合においては、当該拘束時間の限度をもっ
　て、前項の時間外労働時間の限度とする。

3　労働条件について　　119

第3条　甲は、就業規則第○○条の規定に基づき、必要がある場合には、次により休日労働を行わせることができる。

休日労働をさせる必要のある具体的事由	業務の種類	従事する労働者数（満18歳以上の者）	労働させることができる法定休日の日数並びに始業及び終業の時刻
季節的な需要、発注の増加に対処するため	自動車運転者（トラック）	20人	・法的休日のうち、2週を通じて1回 ・始業時刻　午前9:00 ・終業時刻　午後11:00
季節的な需要、発注の増加に対処するため	運行管理者	3人	・法的休日のうち、4週を通じて2回 ・始業時刻　午前9:00 ・終業時刻　午後11:00

2　自動車運転者（トラック）については、前項の規定により休日労働を行わせることによって、改善基準告示に定める1箇月及び1年についての拘束時間並びに1日についての最大拘束時間の限度を超えることとなる場合においては、当該拘束時間の限度をもって、前項の休日労働の限度とする。

第4条　通常予見することのできない業務量の大幅な増加等に伴う臨時的な場合であって、次のいずれかに該当する場合は、第2条の規定に基づき時間外労働を行わせることができる時間を超えて労働させることができる。

	臨時的に限度時間を超えて労働させることができる場合	業務の種類	従事する労働者数（満18歳以上の者）	1日 延長することができる時間	1箇月 限度時間を超えて労働させることができる回数	1箇月 延長することができる時間数及び休日労働の時間数	1年 延長することができる時間数
① 下記②に該当しない労働者	突発的な顧客需要、発注の増加に対処するため	運行管理者	3人	7時間	4回	60時間	550時間
	予算、決算業務の集中	経理事務員	5人	6時間	3回	55時間	450時間
② 自動車の運転の業務に従事する労働者	突発的な顧客需要、発注の増加に対処するため	自動車運手者（トラック）	20人	6時間	8回	75時間	750時間

2　前項の規定に基づいて限度時間を超えて労働させる場合の割増率は35%とする。

　　なお、時間外労働が1箇月60時間を超えた場合の割増率は50%とする。

3　第1項の規定に基づいて限度時間を超えて労働させる場合における手続及び限度時間を超えて労働させる労働者に対する健康及び福祉を確保するための措置については、次のとおりとする。

限度時間を超えて労働させる場合における手続	労働者代表者に対する事前申入れ
限度時間を超えて労働させる労働者に対する健康及び福祉を確保するための措置	・対象労働者への医師による面接指導の実施 ・年次有給休暇についてまとまった日数連続して取得することを含めた取得の促進 ・職場での時短対策会議の開催

4　自動車運転者（トラック）については、第１項の規定により時間外労働を行わせることによって改善基準告示に定める１箇月及び１年についての拘束時間並びに１日についての最大拘束時間の限度を超えることとなる場合においては、当該拘束時間の限度をもって、第１項の時間外労働時間の限度とする。

第５条　第２条から第４条までの規定に基づいて時間外労働又は休日労働を行わせる場合においても、自動車運転者（トラック）については、各条に定める時間数等にかかわらず、時間外労働及び休日労働を合算した時間数は１箇月について 100 時間未満となるよう努めるものとする。

2　自動車運転者（トラック）以外の者については、各条により定める時間数等にかかわらず、時間外労働及び休日労働を合算した時間数は、１箇月について 100 時間未満でなければならず、かつ２箇月から６箇月までを平均して 80 時間を超過しないこととする。

第６条　第２条から第４条までの規定に基づいて時間外労働又は休日労働を行わせる場合においても、自動車運転者（トラック）については、改善基準告示に定める運転時間の限度を超えて運転業務に従事させることはできない。

第7条　甲は、時間外労働を行わせる場合は、原則として、前日の終業時刻までに該当労働者に通知する。また、休日労働を行わせる場合は、原則として、2日前の終業時刻までに該当労働者に通知する。

第8条　第2条及び第4条の表における1年の起算日はいずれも○年4月1日とする。

2　　本協定の有効期間は、○年4月1日から○年3月31日とする。

○年3月12日

　　　　　　　　　　　　　　○○運輸労働組合

　　　　　　　　　　　　　　　　執行委員長 ○○○○　印

　　　　　　又は　　○○運輸株式会社

　　　　　　　　　　　　　労働者代表　○○○○　印

　　　　　　　　　　　　○○運輸株式会社

　　　　　　　　　　　　　　代表取締役 ○○○○　　印

■時間外労働及び休日労働に関する協定届（例）（様式９号の３の４）（限度時間を超えない場合）

様式第９号の３の４（第70条関係）

時間外労働／休日労働 に関する協定届

労働保険番号 ／ 法人番号

事業の種類	事業の名称	事業の所在地（電話番号）	協定の有効期間
一般貨物自動車運送業（トラック）	○○運輸株式会社　○○支店	（〒○○○－○○○○） ○○市○○町１－２－３ （電話番号：○○○－○○○○－○○○○）	○○○○年４月１日から１年間

時間外労働

	時間外労働をさせる必要のある具体的事由	業務の種類	労働者数（満18歳以上の者）	所定労働時間（1日）（任意）	延長することができる時間数 1日 法定	1日 所定（任意）	1箇月（①については45時間まで、②については42時間まで）法定	1箇月 所定（任意）	1年（①については360時間まで、②については320時間まで）起算日○○○○年４月１日 法定	1年 所定（任意）
① 下記②に該当しない労働者	別添協定書記載のとおり	自動車運転者（トラック）	20人	7.5時間	5時間	5.5時間	45時間	55時間	360時間	410時間
	同上	運行管理者	3人	7.5時間	5時間	5.5時間	45時間	55時間	360時間	410時間
	同上	荷役作業員	10人	7.5時間	3時間	3.5時間	30時間	40時間	250時間	300時間
② 1年単位の変形労働時間制により労働する労働者	別添協定書記載のとおり	自動車整備士	5人	7.5時間	3時間	3.5時間	52時間	52時間	320時間	370時間
	同上	経理事務員	5人	7.5時間	2時間	2.5時間	20時間	30時間	200時間	320時間

休日労働

休日労働をさせる必要のある具体的事由	業務の種類	労働者数（満18歳以上の者）	所定休日（任意）	労働させることができる法定休日の日数	労働させることができる法定休日における始業及び終業の時刻
別添協定書記載のとおり	自動車運転者（トラック）	20人	毎週2回	法定休日のうち、2週を通じて1回	9:00～23:00
同上	運行管理者	3人	毎週2回	法定休日のうち、4週を通じて2回	9:00～23:00

上記で定める時間数にかかわらず、時間外労働及び休日労働を合算した時間数は、1箇月について100時間未満でなければならず、かつ2箇月から6箇月までを平均して80時間を超過しないこと。☑（チェックボックスに要チェック）（自動車の運転の業務に従事する労働者は除く。）

協定の成立年月日　○○○○年　３月　12　日

協定の当事者である労働組合（事業場の労働者の過半数で組織する労働組合）の名称又は労働者の過半数を代表する者の　職名　経理担当事務員　氏名　山田　花子

協定の当事者（労働者の過半数を代表する者の場合）の選出方法　投票による選挙

上記協定の当事者である労働組合が事業場の全ての労働者の過半数で組織する労働組合である場合又は上記協定の当事者である労働者の過半数を代表する者が事業場の全ての労働者の過半数を代表する者であること。☑（チェックボックスに要チェック）

上記労働者の過半数を代表する者が、労働基準法第41条第2号に規定する監督又は管理の地位にある者でなく、かつ、同法に規定する協定等をする者を選出することを明らかにして実施される投票、挙手等の方法による手続により選出された者であって使用者の意向に基づき選出されたものでないこと。☑（チェックボックスに要チェック）

又は○○運輸労働組合

○○○○年　３月　15　日

使用者　職名　代表取締役　氏名　田中　太郎

○○　労働基準監督署長殿

時間外労働及び休日労働に関する協定届（例）（様式第9号の3の5）（限度時間を超える場合（特別条項））

様式第9号の3の5（第70条関係）

時間外労働　に関する協定届（特別条項）
休日労働

臨時的に限度時間を超えて労働させることができる場合

業務の種類	労働者数（満18歳以上の者）	1日（任意）延長することができる時間数		1箇月（時間外労働及び休日労働を合算した時間数。①については100時間未満に限る。）				1年（時間外労働のみの時間数。①については720時間以内、②については960時間以内に限る。）起算日 ○○○○年○月○日		
		法定労働時間を超える時間数	所定労働時間を超える時間数（任意）	限度時間を超えて労働させることができる回数	延長することができる時間数及び休日労働の時間数（法定労働時間を超える時間数 / 所定労働時間を超える時間数（任意））		限度時間を超えた労働に係る割増賃金率	延長することができる時間数（法定労働時間を超える時間数 / 所定労働時間を超える時間数（任意））		限度時間を超えた労働に係る割増賃金率
①下記②以外の者　別添協定書記載のとおり　運行管理者	3人	7時間		4回	70時間	60時間	35%	670時間	550時間	35%
同上　誘導事務員	5人	6時間		3回	65時間	55時間	35%	570時間	450時間	35%
②自動車の運転の業務に従事する労働者　別添協定書記載のとおり　自動車運転者（トラック）	20人	6時間		8回	85時間	75時間	35%	870時間	750時間	35%

限度時間を超えて労働させる場合における手続	労働者代表者に対する事前申し入れ
限度時間を超えて労働させる労働者に対する健康及び福祉を確保するための措置	（具体的内容）①、⑥、⑩　対象労働者への医師による面接指導の実施、年次有給休暇についてまとまった日数連続して取得することを含めてその取得の促進、職場での時短対策会議の開催

上記で定める時間数にかかわらず、時間外労働及び休日労働を合算した時間数は、1箇月について100時間未満でなければならず、かつ2箇月から6箇月までを平均して80時間を超過しないこと（自動車の運転の業務に従事する労働者を除く。）。　☑（チェックボックスに要チェック）

協定の成立年月日　○○○○年　3月　12日

協定の当事者である労働組合（事業場の労働者の過半数で組織する労働組合）の名称又は労働者の過半数を代表する者の　職名　採用担当事務員　氏名　山田　花子　　又は　○○運輸労働組合

協定の当事者（労働者の過半数を代表する者の場合）の選出方法（　投票による選挙　）

上記協定の当事者である労働組合が事業場の全ての労働者の過半数で組織する労働組合である又は上記協定の当事者である労働者の過半数を代表する者が事業場の全ての労働者の過半数を代表する者であること。　☑（チェックボックスに要チェック）

上記労働者の過半数を代表する者が、労働基準法第41条第2号に規定する監督又は管理の地位にある者でなく、かつ、同法に規定する協定等をする者を選出することを明らかにして実施される投票、挙手等の方法による手続により選出された者であって使用者の意向に基づき選出されたものでないこと。　☑（チェックボックスに要チェック）

○○○○年　3月　15日

使用者　職名　代表取締役　氏名　田中　太郎

○○　労働基準監督署長殿

⑵ 賃　金

①　最低賃金

　最低賃金法により、賃金として支払わなければならない最低限
度額が決められています。従業員が同意しても、最低賃金額より
低い金額で支払うことは認められていません。金額は地域別に決
められているため、事業所の地域の最低賃金を下回らないように
賃金額を決める必要があります。

②　賃金の支払い方の4原則ルール

■通貨払い

　賃金は原則現金で支払わなければならず、現物（会社の商品な
ど）で支払うことは認められていません。

■直接払い

　賃金は従業員本人に払わなければならず、たとえ未成年者で
も、親などへ代わりに支払うことはできません。

■全額払い

　所得税や労働保険料など、法令で定められたもの以外は、賃金
の全額を支払わなければなりません。従業員が会社に借金をして
その返済をする場合でも、賃金から相殺することはできません。

■毎月1回以上の定期支払い

　賃金は毎月1回以上、期日を定めて支払わなければなりま
せん。今月分を来月まとめて払う、25日〜30日の間で払う、な
どの支払い方は認められていません。

③ 減給制裁の制限

　従業員が会社の秩序を乱したりルールを破ったりしたときの制裁措置として減給というものがあります。減給については、むやみに賃金を減額してよいわけではなく、以下のルールが定められています。

・1回の減給金額の上限は平均賃金1日分の半額を超えてはならない
・複数回の減給の総額は一賃金支払期の金額（月給なら1か月分の月給の金額）の10分の1以下でなくてはならない

④ 割増賃金

　時間外労働や休日出勤、深夜労働をさせた場合は、その時間分の割増賃金を支払う必要があります。割増率は法律により定められています。

> 時間外労働　25%（月60時間超　50%）以上
> 休日労働　35%以上
> 深夜労働（午後10時から午前5時までの間）25%以上

3　労働条件について

【例】9:00〜24:00 まで働いた場合
・休憩を除く 8 時間を超えた時間が時間外労働の割増対象となる
・さらに 22:00〜24:00 の 2 時間は深夜割増が発生する

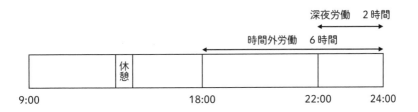

6 時間 × 25％割増
2 時間 × 25％割増

⑤　休業手当

　会社の都合で従業員が働けない場合については、休業手当として平均賃金の 60％を従業員へ支払わなければなりません。

(3)　年次有給休暇

①　年次有給休暇の日数と付与要件

　年次有給休暇は文字どおり、有給で休暇を与えるものです。
　この休暇は業種や働き方に関係なく、一定の要件を満たすすべての従業員に対して与えなければなりません。
　また休暇の買取りは認められていません。

■通常の従業員への付与日数

勤続年数（年）	0.5	1.5	2.5	3.5	4.5	5.6	6.5 以上
付与日数（日）	10	11	12	14	16	18	20

パートやアルバイトなど、労働日数が短い従業員については、週や年間の労働日数に応じて付与する日数が変わります。

■付与するための要件

年次有給休暇は**従業員が希望する日に与えなければなりません。**
※ 従業員が一斉に同じ日を指定し正常な事業務が妨げられる等の理由がある場合、休暇日を変更することができます。

② 年次有給休暇の時季指定義務

年次有給休暇が10日以上ある従業員で、年5日取得していない従業員に対し、使用者から日付を指定して取得させる必要があります。

③ 休暇時の賃金について

年次有給休暇を付与した際の賃金の支払い方法は以下の3つで

す。人によって支払い方を変える、時期によって変えるなどは認められていません。

　（ア）　労働基準法で定める平均賃金
　（イ）　所定労働時間労働した場合に支払われる通常の賃金
　（ウ）　健康保険法に定める標準報酬月額の30分の1に相当する金額

4 安全衛生と労災の防止

(1) 定期健康診断の実施

　労働安全衛生法に基づいて、使用者は従業員に対して、定期的に健康診断を実施する必要があります。検診にかかる費用は使用者負担です。

　ドライバー職の従業員については、年1回の定期健康診断を受けさせていない場合、貨物自動車運送事業法違反として、行政処分が科されることがありますので、従業員への健康診断の実施は徹底しましょう。

① 雇入れ時の健康診断

　従業員を雇い入れた際に実施します。ただし雇入れ前3か月以内に受診した健診結果の提出がある場合は省略できます。

② 定期健康診断

　常時使用する従業員については、1年に1回定期の健康診断を実施することが事業主へ義務付けられています。パートやアルバイトでも、次の2つの要件に該当する場合は実施しなければなりません。

・1年以上引き続き雇用している
・1週間あたりの労働時間がフルタイム従業員の4分の3以上

⑵　従業員が仕事でケガや病気をした場合

　従業員が仕事や通勤が原因で病気やけがをした場合には、労災保険の対象になります。労災保険には治療や休業、障害などに対する様々な給付があります。従業員が安心して療養できるように、会社としても速やかに手続きを行いましょう。給付請求は管轄の労働基準監督署で行います。

　労災の治療は健康保険ではできません。必ず労災である旨を病院で伝えてください。

5 仕事と家庭の両立

　仕事と家庭を両立できるように、従業員の出産、育児、介護などをサポートする様々な制度が設けられています。

① 出　産

　出産予定日の6週間以内の女性が休業を申し込んだ場合は休業させなくてはならず、また産後8週間は就業させていけません。この期間をいわゆる産前産後休業といいます。この間は健康保険から**出産手当金が支給**されます。また**健康保険・厚生年金保険料は免除**になります。

② 育児休業

　従業員が1歳未満の子どもを育てるために設けられている休業制度が育児休業です。これは育児・介護休業法という法律に定められているもので、従業員から休業取得の申出があった場合、会社は拒否することはできません。

■**制度の対象者**：子育て中の男女従業員

■**基本制度**：1歳未満の子ども1人につき原則2回まで（保育園

へ入所できないなどの理由がある場合は最長2歳になるまで延長可）

産後パパ育休、パパ・ママ育休プラス、子の看護休暇、残業の免除、短時間勤務制度など様々な制度があります。

③　介護休業

従業員が家族の介護をしながら仕事を継続できるように設けられている制度で、育児休業同様、従業員からの申出があった場合は拒否することができません。

■**制度の対象者**：要介護状態の家族を介護する男女の従業員

■**基本制度**：対象家族1人につき3回まで、通算93日間休業可能

基本制度以外に、介護休暇、残業の免除、深夜業の制限などの制度があります。

6　雇用契約の終了

　雇用契約が終了するのは、従業員からの申出（退職）、会社からの申出（解雇）、契約期間満了に伴う契約の終了などがありますが、それぞれにルールが定められています。

①　従業員からの申出（退職）

　正社員のように、雇用期間を定めていない場合と契約社員のように雇用期間を定めているのとでルールが変わります。

■**期間の定めがない雇用契約の場合**：民法上は退職の申出をした日から2週間で契約終了となっていますが、就業規則で退職についての規定があればそちらが原則として優先されます。

■**有期雇用契約の場合**：やむを得ない事由がない限り原則契約期間の途中での解約はできません。

②　会社からの申出（解雇）

　従業員を解雇するときは、30日前の予告が必要です。予告が30日に満たない場合、その満たない日数分の平均賃金の支払いが必要となります（解雇予告手当）。

ただし以下の期間は解雇が禁止されています。
・業務上の傷病による休業期間及びその後 30 日間
・産前産後の休業期間及びその後 30 日間

　上記のルールを守っているからといっても自由に解雇できるわけではありません。解雇が客観的に合理的な理由を欠き、社会通念上相当と認められない場合、解雇することはできません。
　また有期雇用契約の期間途中での解雇は、やむを得ない事由がなければ解雇はできません。

③　契約期間満了による契約の終了

　期間の定めのある雇用契約（有期労働契約）は、契約期間が終われば自動的に雇用契約は終了します。しかし、使用者からの契約更新拒否（雇止め）については、一定のルールが設けられています。
　契約が**3回以上更新**されている、もしくは、**1年を超えて継続して雇用**している場合は、契約が満了する 30 日前までに、更新をしない旨の予告をしなければなりません。
　また、更新の実態をみて、実質的に期間の定めのない契約と変わらないといえる場合や、従業員が雇用の継続を期待することが合理的であると考えられる場合は、客観的・合理的な理由がなく、社会通念上相当であると認められないときは、雇止めは認められません。

136　第 3 章　従業員を雇う

④ 離職の手続き

　従業員が離職した際は、その従業員が加入していた保険の喪失手続きが必要です。従業員の今後の生活に直結することなので、速やかに手続きを行ってください。

■被保険者資格喪失手続きの期限
健康保険・厚生年金保険：離職日の翌日から5日以内
雇用保険：離職日の翌日から10日以内

7 運送事業者として科される行政処分

　運送事業者として、労働・社会保険関連法を守っていない場合、行政処分が科されることがあります。行政処分について詳しくは後述 145 ページを参照してください。

行政処分の対象となるもの

■過去 1 年以内に法定の健康診断を受診させていない状態で運行の業務に従事させた場合

	初違反	再違反
未受診 1 名	警告	10 日車
未受診 2 名	20 日車	40 日車
未受診 3 名以上	1 名当たり 15 日車	1 名当たり 30 日車

■未受診者又は健康診断の結果で再検査の所見があったにもかかわらず再検査を受診させずに運行させた結果、健康起因事故（脳疾患、心臓疾患・意識喪失）を起こし負傷者が生じた場合

初違反	再違反
40 日車	80 日車

■健康保険・厚生年金保険、労災保険、雇用保険のいずれかへの
　未加入

	初違反	再違反
未加入1名	警告	10日車
未加入2名	20日車	40日車
未加入3名以上	40日車	80日車

■健康保険・厚生年金保険、労災保険、雇用保険料の未納

初違反	再違反
20日車	40日車

第 4 章

軽貨物運送業に関わる法令と制度改正

> この章では、軽貨物運送業を行う上で関係する主な法令と、第 2 章で紹介した実務がどの法令に基づいているのか、行わなければどのような処分があるのかをまとめました。

1 軽貨物運送業に関わる 主な法令

　軽貨物運送業を含めたトラック運送業にとって一番核となる法律は「貨物自動車運送事業法」ですが、それ以外にも様々な法令の影響を受けています。

　軽貨物運送業を行う上で、知っておくべきと思われる法令をピックアップしました。

(1) 貨物自動車運送事業法

　トラック運送業を行う上で必ず知っておかなければならない中核となる法律です。事業の許可、届出などを始め、輸送の安全確保や事業の適正化など貨物自動車運送事業全般について定められており、軽貨物運送業については、今回の制度改正で大きく改正されました。

(2) 貨物自動車運送事業法施行規則

　貨物自動車運送事業法に規定されている届出等の具体的な内容、準用の基準などが定められています。

⑶　貨物自動車運送事業輸送安全規則

　貨物自動車運送事業法に規定されている輸送の安全の確保について、点呼や乗務記録等の事業者が行うべきことやドライバーが守るべき事項などが定められています。今回の改正で新しく設けられた貨物軽自動車安全管理者の選任についても規定されています。

⑷　自動車運転者の労働時間等の改善のための基準（改善基準告示）

　厚生労働省が定める基準で、会社に雇用され、四輪以上の自動車運転業務を主とする従業員に対し、拘束時間や運転時間、休息期間等を定めた基準です。「改善基準告示」と呼ばれ、トラック運送業については、貨物自動車運送事業法において、国土交通大臣の告示として引用されています。

　改善基準告示は、本来労働基準法上の従業員に適用される基準であるため、雇用主や個人事業主は対象となりませんが、国土交通省による「貨物自動車運送事業輸送安全規則の解釈及び運用について」のなかで、個人事業主を含めた運転者の勤務時間及び乗務時間を定める基準として、改善基準告示等が位置付けられていることから、個人事業主の軽貨物運送事業者も遵守が求められます。

⑸　道路交通法

　道路における事故や障害発生の防止、交通の安全などを目的と

1　軽貨物運送業に関わる主な法令　　143

した法律で、交通ルールや車両の使用者の義務、運転免許等の規定を定めています。公道を使用して事業を行う軽貨物運送業においては特に重要な法律です。

(6) 道路運送車両法

　自動車の登録や検査、日常点検や定期点検などのいわゆる法定点検について定められた法律です。軽自動車の検査等については軽自動車検査協会が行うことなども規定されています。

(7) 自動車点検基準

　道路運送車両法に定められている、日常点検や定期点検などの自動車の具体的な整備基準について規定されています。

2　行政処分の種類

　軽貨物運送業者に対する行政処分は、運輸局等の監査の結果、悪質、重大な法令違反があったときに科される処分です。次節で本書に書かれている義務についての根拠法令と罰則、行政処分を掲載しましたが、行政処分については独特な表現があるため、簡単に説明します。

　軽貨物運送事業者に対する行政処分には2種類あります。

☐　**車両使用停止**
☐　**事業停止**

(1)　**車両使用停止（処分日車数制度）**

　特定の車両を一定期間使用できなくする処分です。
　使用停止にした車両のナンバープレートを返納し公道で運行できなくします。

　例えば、処分日車数が10日車となった場合、10日間車両の使用を停止するということです。

　監査が行われ、違反内容による処分日車数の合計が出された

2　行政処分の種類　145

ら、その営業所で使用できなくなる車両の台数と期間が運輸局等の判断によって決められます。

(2) 事業停止

営業所の全車両のナンバープレートを返納させることで、一定期間、その営業所に所属する全車両の使用を停止するほか、その営業所の事業自体を停止する処分です。

事業停止処分は車両使用停止処分期間が6か月を超えるような場合や、監査の拒否、虚偽報告、車両使用停止処分に伴うナンバープレートの返納命令に応じないなどの場合に科されます。

3 新たに設けられた制度

(1) 貨物軽自動車安全管理者の選任と講習受講

① 貨物軽自動車安全管理者選任要件

貨物自動車運送事業法 36 条の 2

□ 選任する日の前 2 年以内に貨物軽自動車安全管理者講習
を修了している

□ 選任する日の前 2 年以内に貨物軽自動車安全管理者定期
講習（定期講習）を修了している

□ 事業者が一般貨物運送事業等を行っている場合に、運行
管理者として選任されている

（注）運行管理者資格があるだけでは選任することはできません

② 貨物軽自動車安全管理者講習と定期講習の受講

貨物自動車運送事業法 36 条の 2 第 3 項

■貨物軽自動車安全管理者講習

　新たに貨物軽自動車安全管理者として選任される者を対象に、運行の安全の確保に関する業務を行うために必要な知識を習得するための講習

■貨物軽自動車安全管理者定期講習

　既に貨物軽自動車安全管理者として選任されている者を対象に、運行の安全の確保に関する業務を行うために必要な事項に関する最新の知識を習得するための講習。2 年に 1 回実施。

行政処分

▶貨物軽自動車安全管理者の講習受講義務違反	
初違反：10 日車	再違反：20 日車

③ 貨物軽自動車安全管理者の選任（解任）と届出

貨物自動車運送事業法 36 条の 2 第 1 項、2 項

　軽貨物運送事業者は、「貨物軽自動車運送事業経営届出書」の届出後、**事業を開始する前までに速やかに、営業所ごとに 1 名の貨物軽自動車安全管理者を選任**し、遅くても選任後 1 週間以内に届け出なければなりません。

　また変更・解任した場合も同様に届出が必要になります。

148　第 4 章　軽貨物運送業に関わる法令と制度改正

■届出内容

事業者の氏名又は名称及び住所（法人の場合は代表者の氏名）
貨物軽自動車安全管理者になる者の氏名、生年月日
選任の場合は貨物軽自動車安全管理者がその業務を行う営業所の名称及び所在地、兼職の有無（兼職がある場合は、その職名及び職務内容） 　　例：運行管理者、整備管理者など
貨物軽自動車安全管理者の選任年月日及び講習修了年月日
解任（変更）の場合解任（変更）の理由

■添付書類

貨物軽自動車安全管理者講習修了証明書、又は貨物軽自動車安全管理者定期講習修了証明書

罰　則

▶貨物軽自動車安全管理者の選任、未届出、虚偽
100 万円以下の罰金

※　貨物自動車運送事業法 75 条 6 号、7 号

行政処分

▶貨物軽自動車安全管理者の選任違反（選任なし）	
事業停止 30 日間	
▶貨物軽自動車安全管理者の選任（解任）の未届出	
初違反：警告	再違反：10 日車

▶虚偽の届出に係るもの	
初違反：40日車	再違反：80日車

(2) 業務記録（日報）の作成・保存

貨物自動車運送事業輸送安全規則８条

　業務記録記載項目の様式と記入例は、**第2章** 76 ページを参照してください。

　事業用自動車に乗務して行った業務の記録を日々作成し、保存する必要があります。

　業務記録（日報）の保存期間は１年間です。

　業務記録（日報）の作成・保存方法は、書面又はパソコンやスマートフォンなどを利用した電磁的な方法のいずれでも差し支えありません。

　なお、バイク便（二輪を用いた事業）の事業者には、業務記録（日報）の作成と保存の義務はありません。

行政処分

▶業務の記録違反（記録なし）	
初違反：警告〜30日車	再違反：10日車〜60日車
▶業務の記録違反（記録事項等の不備）	
初違反：警告	再違反：10日車
▶業務の記録違反（記録の改ざん・不実記載）	
初違反：60日車	再違反：120日車
▶業務の記録違反（記録の保存なし）	
初違反：警告〜30日車	再違反：10日車〜60日車

⑶　事故記録の作成・保存

【貨物自動車運送事業輸送安全規則９条の２】

　事業用自動車に関わる事故が発生した場合には事故の記録を作成し保存しなければなりません。

　事故記録は、事故を起こした自動車の運行を管理する営業所で、３年間保存しなければなりません。

　事故記録の作成・保存方法は、書面又はパソコンやスマートフォンなどを利用した電磁的な方法のいずれでも差し支えありません。

　事故記録の様式と記入例は、**第２章** 80 ページを参照してください。

【行政処分】

▶事故の記録の違反（記録なし）	
初違反：警告～10 日車	再違反：10 日車～20 日車
▶事故の記録違反（記録事項の不備）	
初違反：警告	再違反：10 日車
▶事故の保存義務違反	
初違反：警告	再違反：10 日車

⑷　国土交通大臣への事故報告

【貨物自動車運送事業法 23 条、36 条２項、81 条４号】

　令和７年４月１日以降に起きた、事業用自動車による死傷者が生じるなど重大な事故については、事故報告書３通を作成し、国

土交通大臣への提出が必要です。

　報告書の提出先は、当該自動車の使用の本拠の位置を管轄する運輸支局等となります。提出期限は**事故があった日から30日以内**となります。なお、２人以上の死傷者が生じるなど重大な事故の場合、または、国土交通大臣の指示があったときは、報告書を提出するほか、**事故の速報**を行わなければなりません。

　事故の速報に該当する事故詳細については、**第２章**85ページ参照をしてください。

　事故報告書の提出が求められる事故については、**第２章**81ページを参照してください。

罰　則

▶報告なし・虚偽報告
50万円以下の過料

※　貨物自動車運送事業法81条4号

行政処分

▶未届出	
初違反：10日車	再違反：20日車
▶虚偽の届出	
初違反：60日車	再違反：120日車

(5) 貨物軽自動車運転者等台帳作成、備え付け

貨物自動車運送事業輸送安全規則9条の6

　事業者は、運転者等ごとに、次の事項を記載した貨物軽自動車

152　第4章　軽貨物運送業に関わる法令と制度改正

運転者等台帳を作成し、当該運転者等が所属する営業所に備えておかなければなりません。

記載事項、様式例は**第2章**42、43ページを参照してください。

運転者が転任、退職その他の理由により運転者でなくなった場合には、直ちにその運転者の運転者等台帳に、運転者でなくなった年月日及び理由を記載して、**3年間保存**しなければなりません。

貨物軽自動車運転者等台帳の作成・保存は、書面又はパソコンやスマートフォンなどを利用した電磁的な方法のいずれでも差し支えありません。

なお、バイク便（二輪を用いた事業）の事業者には、貨物軽自動車運転者等台帳の作成、備え付けの義務はありません。

行政処分

▶運転者等台帳（作成なし）	
初違反：警告～20日車	再違反：10日車～40日車
▶記載事項等の不備	
初違反：警告	再違反：10日車

(6) 特定の運転者への指導・監督及び適性診断の受診

貨物自動車運送事業輸送安全規則10条2項

事業者は、次に該当する特定の運転者に対して、事業用自動車の運行の安全を確保するために遵守すべき事項について特別な指導を行い、かつ、適性診断を受けさせなければなりません。

なお、バイク便（二輪を用いた事業）の事業者には、特定の運

転者への指導・監督・適性診断の受診義務はありません。

※ 「貨物自動車運送事業者が事業用自動車の運転者に対して行う指導及び監督の指針（以下、「指導・監督指針」といいます）」国土交通省告示第 1366 号、最終改正国土交通省告示 1193 号。

　「貨物自動車運送事業輸送安全規則の解釈及び運用について」国自貨第 391 号、国自安第 94 号、国自整第 158 号。

初任運転者	所属する貨物軽自動車運送事業者の運転者として初めて事業用自動車に乗務する者 （当該貨物軽自動車運送事業者において初めて事業用自動車に乗務する前 3 年間に他の一般貨物自動車運送事業者等によって運転者として常時選任されたことがある者又は他の貨物軽自動車運送事業者によって運転者として乗務したことがあるものを除く）
事故惹起運転者	死者又は重傷者が生じた交通事故を引き起こした運転者及び軽傷者が生じた交通事故を引き起こし、かつ、当該事故前の 3 年間に交通事故を引き起こしたことがある運転者
高齢運転者	65 歳以上の者

① 初任運転者

〈特別な指導〉

実施内容
□貨物自動車運送事業法　その他法令に基づき運転者が遵守すべき事項

□事業用自動車の運行の安全を確保するために必要な運転に関する事項

（具体的な内容）
・事業用自動車を運転する場合の心構え
・事業用自動車の運行の安全を確保するために遵守すべき基本的事項
・事業用自動車の構造上の特性
・貨物の正しい積載方法
・過積載の危険性
・危険物を運搬する場合に留意すべき事項
・適切な運行の経路及び当該経路における道路及び交通の状況
・危険の予測及び回避並びに緊急時における対応方法
・運転者の運転適性に応じた安全運転
・交通事故に関わる運転者の生理的及び心理的要因並びにこれらへの対処方法
・健康管理の重要性
・安全性の向上を図るための装置を備える事業用自動車の適切な運転方法
・安全運転の実技（添乗指導）※
・実際に事業用自動車を運転させ、道路及び交通の状況に応じた安全な運転方法を添乗等より指導。外部の専門的機関を活用する場合は、添乗に代えて、ドライブレコーダーの記録により指導することも可能
　※　添乗指導については可能な限り実施

実施時間

添乗指導以外で合計5時間以上

実施者
事業者（貨物軽自動車安全管理者もしくは同等の知識を有する者）が実施。外部の専門機関・研修機関の利用も可
備　考
乗務前3年以内に貨物軽自動車安全管理者講習を受講した場合は、初任運転者に対する特別な指導を実施したものとみなすことができる

〈初任診断〉

受診する機関
国土交通省の認定を受けた機関
備　考
・初任運転者に該当する者が事故惹起運転者に該当する場合には、特定診断Ⅰ又は特定診断Ⅱを受診したことをもって、初任診断を受診したものとみなすことができる ・初任運転者に該当する者が65歳以上である場合には、適齢診断を受診したことをもって、初任診断を受診したものとみなすことができる ・初任運転者に該当する者が事故惹起運転者に該当し、かつ、65歳以上である場合には、特定診断Ⅰ又は特定診断Ⅱを受診したことをもって、初任診断及び適齢診断を受診したものとみなすことができる

■令和7年3月31日までに貨物軽自動車運送事業経営届出を行っている事業者についての実施猶予

□令和7年3月31日以前に初任運転者の対象になっている者
　特別な指導及び適性診断：令和10年3月31日までに実施

□令和7年4月1日〜令和10年2月29日の間に初任運転者の対象になった者
　特別な指導及び適性診断：令和10年3月31日までに実施

□令和10年3月1日以降に初任運転者の対象になった者
　初めて事業用自動車に乗務する前に実施

②　事故惹起運転者

〈特別な指導〉

指導内容
□事業用自動車の運行の安全の確保に関する法令等
・事業用自動車の運行の安全を確保するため貨物自動車運送事業法その他の法令等に基づき運転者が遵守すべき事項
□交通事故の事例の分析に基づく再発防止対策
・交通事故の事例の分析を行い、その要因となった運転行動上の問題点を把握させるとともに、事故の再発を防止するために必要な事項
□交通事故に関わる運転者の生理的及び心理的要因と対処法
・交通事故を引き起こすおそれのある運転者の生理的及び心理的要因を理解させるとともに、これらの要因が事故につなが

3　新たに設けられた制度　157

らないようにするための対処方法

□交通事故防止のために留意すべき事項

・貨物自動車運送事業者の事業の態様及び運転者の乗務の状況等に応じて事業用自動車の運行の安全を確保するために留意すべき事項

□危険の予測及び回避

・危険予知訓練の手法等を用いて、道路及び交通の状況に応じて交通事故につながるおそれのある危険を予測させ、それを回避するための運転方法等について運転者が自ら考えるよう指導

□安全運転の実技（添乗指導）※

・実際に事業用自動車を運転させ、道路及び交通の状況に応じた安全な運転方法を添乗等により指導。外部の専門的機関を活用する場合は、添乗に代えてドライブレコーダーの記録により指導することも可能

※　添乗指導については可能な限り実施

実施時間
添乗指導以外で合計5時間以上、
実施者
事業者（貨物軽自動車安全管理者もしくは同等の知識を有する者）が実施。外部の専門機関・研修機関の利用も可
備　考
当該事故を引き起こした後に貨物軽自動車安全管理者講習を受講した場合、特別な指導を実施したものとみなすことができる

〈特定診断〉

事故惹起者の区分
以下の区分に応じて特定診断を受診 □特定診断Ⅰ 　死者又は重傷者を生じた交通事故を引き起こし、かつ、当該事故前の1年間に交通事故を引き起こしたことがない者及び軽傷者を生じた交通事故を引き起こし、かつ、当該事故前の3年間に交通事故を引き起こしたことがある者 □特定診断Ⅱ 　死者又は重傷者を生じた交通事故を引き起こし、かつ、当該事故前の1年間に交通事故を引き起こしたことがある者
受診する機関
国土交通省の認定を受けた機関

■令和7年3月31日までに貨物軽自動車運送事業経営届出を行っている事業者についての実施猶予

□令和7年3月31日以前に事故惹起運転者の対象になっている者
　特別な指導及び適性診断：不要

□令和7年4月1日〜令和10年2月29日の間に事故惹起運転者の対象になった者
　特別な指導及び適性診断：令和10年3月31日までに実施

□令和10年3月1日以降に事故惹起運転者の対象になった者
　特別な指導及び適性診断：乗務する前までに実施

3　新たに設けられた制度　159

③ 高齢運転者

〈特別な指導〉

指導内容
適性診断の結果を踏まえ、個々の運転者の加齢に伴う身体機能の変化の程度に応じた事業用自動車の安全な運転方法等について運転者が自ら考えるよう指導
実施者
事業者（貨物軽自動車安全管理者もしくは同等の知識を有する者）が実施。外部の専門機関・研修機関の利用も可。

〈適齢診断〉

受診する機関
国土交通省の認定を受けた機関

■令和7年3月31日までに貨物軽自動車運送事業経営届出を行っている事業者についての実施猶予

□令和7年3月31日以前に高齢運転者の対象になっている者
　特別な指導及び適性診断：不要

□令和7年4月1日〜令和9年3月31日の間に高齢運転者の対象になった者
　特別な指導及び適性診断：令和10年3月31日までに適性診断を受診、そこから1か月以内に特別な指導を実施

□令和9年4月1日以降に高齢運転者の対象になった者

特別な指導及び適性診断：規定に基づいた期間に適性診断を受診、そこから1か月以内に特別な指導を実施

■特別な指導の実施ポイント

特別な指導の実施にあたっては、運転者が身につけるべき技術や知識を習得しやすくするために、指導方法も実践を踏まえた体験的なものにするなど工夫が必要です。

また個人事業主など一人で事業を営んでいる人も多く、自分で自分を指導するという形になるため、客観的な指導が難しくなります。より指導の効果が期待できる外部専門機関が行っている講習などを積極的に活用しましょう。

④　記録と保存

事業者は、運転者に対して行った特別な指導の具体的な内容を貨物軽自動車運転者台帳に記録し、指導に使用した資料の写しも添付しておく必要があります。また、実施した適性診断の結果についても同台帳に添付した上で、営業所において3年間保存しなければなりません。

指導の記録や適齢診断の結果の保存は、書面又はパソコンやスマートフォンなどを利用した電磁的な方法のいずれでも差し支えありません。

〈記録事項〉

指導を実施した日時、場所
指導内容
指導・監督を行った者
指導・監督を受けた者

　なお、バイク便（二輪を用いた事業）の事業者には、特別な指導及び適性診断の受診についての義務はありません。

行政処分

▶特別な指導の実施状況	
初違反：警告〜10日車	再違反：10日車〜20日車
▶診断の受診状況	
初違反：警告〜10日車	再違反：10日車〜20日車

4 引き続き軽貨物運送事業者が実施するべき事項

今回の改正より前から軽貨物運送事業者が実施すべきとして定められている主な事項について説明します。

(1) 貨物軽自動車運送事業の手続き

貨物自動車運送事業法 36 条
貨物自動車運送事業法施行規則 33 条、34 条

軽貨物運送事業を始めるとき、廃止するとき、又は届出内容に変更がある場合は、営業所を管轄する運輸支局等へ届出をする必要があります。

① 事業の開始の届出

書類	内容
貨物軽自動車運送事業経営届出書	●氏名又は名称及び住所（法人の場合は代表者の氏名） ●事業の開始の予定日 ●事業計画 ・主たる事務所の名称及び位置 ・営業所の名称及び位置

	・各営業所に配置する事業用自動車の種別と種別ごとの数 ・自動車車庫の位置及び収容能力 ・乗務員等の休憩又は睡眠のための施設の位置及び収容能力 ●運送約款※ ●運行管理体制 ●宣誓書
事業用自動車等連絡書	●事業等の種別 ●使用者（事業者）の名称、住所 ●所属営業所名 ●使用の本拠の位置（営業所の位置） ●使用・廃止の別 ●自動車登録番号（車両番号）等 ●事案発生理由
運賃料金設定（変更）届出書	●氏名又は名称及び住所（法人の場合は代表者の氏名） ●事業の種別 ●運賃及び料金を適用する運行系統又は地域 ●運賃及び料金の種類、額及び適用方法 ●実施日
運賃料金表	●運賃料金設定（変更）届出書に運賃及び料金の種類、額及び適用方法を記載しない場合に必要

自動車検査証（中古車の場合）もしくは完成検査終了証（新車の場合）の写し	●届出書、連絡書の記載内容に相違等がないかを確認するためのものであり、写しで可
※　運送約款については、国土交通大臣が定めて公示した標準運送約款と同一の運送約款とした場合、記載を省略することができます。	

　「貨物軽自動車運送事業経営届出書」「事業用自動車等連絡書」「運賃料金設定（変更）届出書」の様式と記入例は、**第2章** 30～32 ページを参照してください。

罰　則

▶貨物軽自動車運送事業経営届出の違反
100 万円以下の罰金

※　貨物自動車運送事業法 75 条 11 号

②　届出内容の変更（廃止・譲渡・分割・合併・死亡）

書　類	内　容
貨物軽自動車運送事業経営等変更届出書	・氏名又は名称及び住所（法人の場合は代表者の氏名） ・変更しようとする事項（新旧の対照を明示すること） ・変更の予定日 ・変更を必要とする理由

事業用自動車等連絡書	・事業等の種別
	・使用者（事業者）の名称、住所
	・所属営業所名
	・使用の本拠の位置（営業所の位置）
	・使用・廃止の別
	・自動車登録番号（車両番号）等
	・事案発生理由
自動車検査証（中古車の場合）もしくは完成検査終了証（新車の場合）の写し	・届出書、連絡書の記載内容に相違等がないかを確認するためのものであり、写しで可

罰 則

▶事業の廃止、譲渡、分割、合併、死亡についての届出の違反
50 万円以下の過料

※　貨物自動車運送事業法 81 条 6 号

③　運賃料金の変更

貨物自動車運送事業報告規則 2 条の 2

変更後 30 日以内に届出が必要です。

書　類	内　容
運賃料金設定（変更）届出書	・氏名又は名称及び住所（法人の場合は代表者の氏名）
	・事業の種別
	・運賃及び料金を適用する運行系統又は

166　　第 4 章　軽貨物運送業に関わる法令と制度改正

	地域
	・運賃及び料金の種類、額及び適用方法
	・実施日
新・旧運賃料金表	・運賃料金設定（変更）届出書に運賃及び料金の種類、額及び適用方法を記載しない場合に必要

④　自動車の車体表示

道路運送法 95 条

自動車の外側に使用者の氏名、名称又は記号を見やすいように表示する必要があります。

行政処分

▶自動車に関する表示義務違反	
初違反：警告	再違反：10 日車

⑤　自動車の保管場所（車庫）の確保

貨物自動車運送事業輸送安全規則 6 条

事業者は、道路以外の場所に自動車の保管場所（車庫）を確保しなければなりません。

車庫は、原則として営業所に併設されていなければなりません。併設できない場合は、営業所から距離が 2 km を超えない場所である必要があります。

⑵ 輸送の安全

　貨物運送事業者は**輸送の安全の確保**が最重要であり、常に安全性の向上に努めることが求められています。このため、様々な安全の確保のための措置が義務付けられています。

> ■貨物自動車輸送事業法 36 条 2 項（貨物自動車輸送事業法
> 　13 条準用）
> 　貨物軽自動車運送事業者は輸送の安全の確保が最も重要であることを自覚し、絶えず輸送の安全性の向上に努めなければならない。

> ■貨物自動車運送事業輸送安全規則 2 条の 2
> 　貨物自動車運送事業者は、経営の責任者の責務を定めることその他の国土交通大臣が告示で定める措置を講ずることにより、絶えず輸送の安全性の向上に努めなければならない。

① 過労運転の防止

　運送業の運転者は、深夜や早朝を含む長時間労働や睡眠不足が発生しやすく、運転中は緊張状態が続くため、疲労が蓄積されやすい傾向にあります。そこに不規則な食事や飲酒などの生活習慣の偏りやストレスなどが加わり、過労状態が生み出されます。過労運転は交通事故を引き起こす大きな要因であることから、過労運転の防止のために事業者が遵守すべき事項が定められています。

(i) 休憩・睡眠施設の整備、管理
貨物自動車運送事業輸送安全規則3条3項

乗務員等[※]が利用することができるように、休憩に必要な施設を整備し、乗務員等に睡眠を与える必要がある場合は、睡眠に必要な施設を整備・管理・保守しなければなりません。

※　乗務員等とは、運転者とその運行の業務の補助に従事するもののことを指します。

次に該当する施設は、「有効に利用することができる施設」に該当しません。

・実際に休憩、睡眠又は仮眠を必要とする場所に設けられていない施設
・寝具等必要な設備が整えられていない施設
・施設・寝具等が、不潔な状態にある施設

（「貨物自動車運送事業輸送安全規則の解釈及び運用について」国自貨第391号、国自安第94号、国自整第158号）

行政処分

▶休憩・睡眠施設の整備違反	
初違反：30日車	再違反：60日車

(ii) 運転者の勤務時間と乗務時間の設定
貨物自動車運送事業輸送安全規則3条4項

休憩又は睡眠のための時間及び勤務が終了した後の休息のための時間が十分に確保されるように、国土交通大臣が告示[※]で定める基準に従って、運転者の勤務時間及び乗務時間を定め、当該運

転者にこれらを遵守させなければなりません。

　国土交通大臣の告示で定める基準とは、「**自動車運転者の労働時間等の改善のための基準**」（平成元年労働省告示第7号。以下、「**改善基準告示**」といいます）となっています。

　改善基準告示でいう自動車運転者とは、労働基準法9条で定められている従業員（同居の親族のみを使用する事業又は事務所に使用される者及び家事使用人を除く）で、四輪以上の自動車の運転の業務に主として従事する者のことです。

　「自動車の運転の業務に主として従事する」か否かは、実態として、物や人を運搬するために自動車を運転する時間が労働時間の半分を超えており、かつ当該業務に従事する時間が年間総労働時間の半分を超えることが見込まれる場合は該当することになります。

※　「貨物自動車運送事業の事業用自動車の運転者の勤務時間及び乗務時間に係る基準」平成13年国土交通省告示第1365号。以下「勤務時間等基準告示」といいます。

行政処分

▶勤務時間等基準告示違反（未設定）	
初違反：10日車	再違反：20日車

　改善基準告示はトラック、タクシー、バスの運転者についてそれぞれの基準を定めていますが、軽貨物運送事業者はトラック運転者（貨物自動車運送事業に従事する運転者）の基準を遵守する必要があります。詳しくは**第2章**50ページを参照してください。

改善基準告示の概要

<u>1年の拘束時間</u>	3,300時間以内 例外　3,400時間以内
<u>1か月の拘束時間</u>	284時間以内 例外　310時間以内（年6か月以内）
<u>1日の拘束時間</u>	13時間以内 （上限15時間、14時間超は週2回まで）
<u>1日の休息期間</u>	継続11時間以上与えるよう努めることを基本とし、9時間を下回らない
<u>運転時間</u>	2日平均1日：9時間以内 2週平均1週：44時間以内
<u>連続運転時間</u>	4時間以内 1回10分以上、合計30分以上の中断が必要 運転の中断時に原則として休憩を与える
<u>休日について</u>	休日＝休息期間＋24時間 連続した時間で33時間以上 休日労働は2週間に1回が上限
<u>予期し得ない事象</u>	予期し得ない事象への対応時間を、1日の拘束時間、運転時間（2日平均）、連続運転時間から除くことができる
<u>分割休息特例</u>	継続9時間の休息期間が困難な場合の特例
<u>隔日勤務特例</u>	始業及び終業の時刻が同一の日に属さない場合の特例
<u>フェリー特例</u>	フェリー乗船時の特例

4　引き続き軽貨物運送事業者が実施するべき事項　171

（ⅲ）　酒気帯び乗務の禁止

貨物自動車運送事業輸送安全規則３条５項

　事業者は、酒気を帯びた状態にある乗務員等を事業用自動車の運行の業務に従事させてはなりません。

　点呼の際には必ずアルコールチェックを行いましょう。

行政処分

▶酒酔い・酒気帯び運行の業務	
初違反：100日車	再違反：200日車

（ⅳ）　乗務員の健康状態の把握と睡眠不足等の状態での乗務の禁止

　事業者は、乗務員等の健康状態の把握に努め、疾病、疲労、睡眠不足、覚せい剤等の薬物の服用などにより安全な運行の業務に支障が出るおそれがある乗務員等を事業用自動車の運行の業務に従事させてはいけません。健康状態の把握とは、健康診断を受診させ、その記録を確認することです。従業員を雇っているときは、労働安全衛生法で定められている雇入れ時の検診や定期健康診断を行う必要があります。

　貨物自動車運送事業法15条２項において、「一般貨物自動車運送事業者（筆者注：準用のため貨物軽自動車運送事業者に読替え）は、事業用自動車の運転者が疾病により安全な運転ができないおそれがある状態で事業用自動車を運転することを防止するために必要な**医学的知見に基づく措置**を講じなければならない」と定めていることから、**個人で事業を行っている場合においても年１回は健康診断を受ける必要があります。**

172　第４章　軽貨物運送業に関わる法令と制度改正

行政処分

▶健康診断未受診者による健康起因事故発生	
初違反：40日車	再違反：80日車
▶疾病・疲労等運行の業務	
初違反：80日車	再違反：160日車
▶薬物等使用運行の業務	
初違反：100日車	再違反：200日車

(3)　点検整備

貨物自動車運送事業法15条1項2号
貨物自動車運送事業輸送安全規則3条の3
道路運送車両法47条、47条の2、48条1項3号、49条

事業者は、自動車を点検整備することによって、保安基準に適合するように維持しなければなりません。

行政処分

▶整備不良のもの	
初違反：10日車×違反車両数	再違反：20日車×違反車両数

①　日常点検

自動車の走行距離、運行時の状態等から判断した適切な時期に、灯火装置の点灯、制動装置の作動その他の日常的に点検すべき事項について、目視等により行い、必要に応じて整備する必要があります。

4　引き続き軽貨物運送事業者が実施するべき事項　　173

行政処分

▶日常点検の未実施

初違反：	再違反：
警告・3〜5日車×違反車両数	3日〜10日車×違反車両数

②　定期点検

　1年に1回、国土交通省令で定められた項目について自動車を点検し、必要に応じて整備する必要があります。

③　点検整備記録簿

　日常点検や定期点検、整備を行った場合は、以下の事項を記録簿に記載し点検等を実施した**車両に据え置き保管**する必要があります。

・点検の年月日
・点検の結果
・整備の概要
・整備を完了した年月日
・その他国土交通省令で定める事項

　軽貨物運送事業用自動車の**記録簿保存期間は2年間**です。

　記録簿は自動車検査証とともに自動車に備え置くこととされているため、営業所でも把握できるよう点検整備記録簿の写し（コピー）を保管しておくことをお勧めします。

④ 整備管理者の選任

　貨物軽自動車事業用自動車については**使用の本拠地ごとに10台以上**で選任する必要があります（道路運送車両法50条）。

〈整備管理者とは〉

　実務の経験等の一定の要件を備えた者で、自動車の点検・整備並びに自動車車庫の管理についての処理を行う者です。

〈選任の届出〉

　整備管理者を選任した際は、15日以内に管轄の運輸支局等へ届出を行う必要があります（道路運送車両法52条）。

罰　則

▶整備管理者の選任違反・未届出・虚偽届出
30万円以下の罰金

※　道路運送車両法110条

行政処分

▶整備管理者の選任違反（選任なし）	
初違反：30日間の事業停止	再違反：許可の取消
▶整備管理者の選任の未届出	
初違反：警告	再違反：10日車
▶整備管理者の選任の虚偽届出	
初違反：40日車	再違反：80日車

4　引き続き軽貨物運送事業者が実施するべき事項　　175

⑷　安全運転管理者の選任

道路交通法 74 条の 3

　自動車の使用の本拠（事業所等）ごとに**5 台数以上の自動車**を使用する企業や事業所においては、自動車の安全な運転に必要な業務を行う者として安全運転管理者の選任を行わなければなりません。この条件に該当する場合は、軽貨物運送事業者として貨物軽自動車安全管理者を選任するとともに、安全運転管理者の選任も必要となります。ただし、一般貨物運送業も同時に行っている事業者は安全運転管理者の選任は不要です。

　20 台以上 40 台未満の場合は、安全運転管理者と、副安全運転管理者を 1 人、40 台以上の場合、20 台を増すごとに 1 人の副安全運転管理者の選任が必要となります。

　この場合の車両台数については、事業用の貨物軽乗用車だけでなく、例えば営業用に使用している乗用車なども含まれます。

①　要　件

安全運転管理者	副安全運転管理者
20 歳以上 （副安全運転管理者が置かれる 場合は 30 歳以上）	20 歳以上
自動車の運転の管理に関し 2 年以上の実務の経験を有する者等	自動車の運転の管理に関し 1 年以上の実務の経験を有する者等
＜欠格事項＞ ・過去 2 年以内に公安委員会による安全運転管理者等の解任命	

令を受けた者
・次の違反行為をして２年経過していない者
　　酒酔い・酒気帯び運転、麻薬等運転、妨害運転、無免許運
　　転、救護義務違反、飲酒運転に関し車両等を提供する行
　　為、酒類を提供する行為及び要求・依頼して同乗する行
　　為、無免許運転に関し自動車等を提供する行為及び要求・
　　依頼して同乗する行為、自動車の使用制限命令違反
・次の違反について命令・容認してから２年経過していない者
　　酒酔い・酒気帯び運転、麻薬等運転、過労運転、無免許運
　　転、大型自動車等の無資格運転、最高速度違反、積載制限
　　違反運転、放置駐車違反

②　安全運転管理者等の業務

運転者の状況把握
安全運転確保のための運行計画の作成
長距離、夜間運転時の交代要員の配置
異常気象時等の安全確保の措置
点呼等による過労、病気その他正常な運転をすることができないおそれの有無の確認と必要な指示
運転者の酒気帯びの有無の確認（目視等で確認するほか、アルコール検知器を用いた確認を実施）
酒気帯びの有無の確認内容の記録・保存、アルコール検知器の常時有効保持
運転日誌の備え付けと記録
運転者に対する安全運転指導

4　引き続き軽貨物運送事業者が実施するべき事項　　177

③ 選任の届出

安全運転管理者等を選任、解任したときは、選任した日から 15 日以内に、使用の本拠の位置を管轄する都道府県公安委員会に届出を行う必要があります。

④ 貨物軽自動車安全管理者との兼務

安全運転管理者と貨物軽自動車安全管理者は兼務することが可能です。

安全運転管理者に選任されている場合も、貨物軽自動車安全管理者に選任されるためには指定講習の受講と選任届は必要となります。

罰 則

▶安全運転管理者の選任違反
50 万円以下の罰金

※ 道路交通法 119 条の 2

⑸ 過積載の防止と積載方法

道路交通法57条、貨物自動車運送事業法15条3項
貨物自動車運送事業輸送安全規則4条、5条

　過積載は重大な事故を引き起こすおそれがあるため、車検証などに記載のある最大積載重量を超えて積載することは禁止されています。

行政処分

▶過積載運送の引受け	
初違反： 10日車〜30日車×違反車両数	再違反： 20日車〜60日車×違反車両数
▶過積載運送を前提とした運行計画の作成	
初違反：10日車	再違反：20日車
▶過積載運送の指示	
初違反：20日車	再違反：40日車
▶貨物積載時の遵守事項違反	
初違反：警告〜20日車	再違反：10日車〜40日車

⑹ 通行の禁止又は制限等違反の防止

貨物自動車運送事業輸送安全規則5条の2

　通行が制限されている道路において、通行許可を得た場合、許可の必要性や許可に付された条件及び制限について理解した上で、運転者に対し通行可能な経路を把握させる等、通行の禁止又は制限等違反の防止のために行う指導及び監督をしなければなり

4　引き続き軽貨物運送事業者が実施するべき事項　179

ません。

行政処分

▶通行の禁止又は制限等違反の防止に係る指導及び監督の怠慢	
初違反：10日車	再違反：20日車

(7) 点　呼

貨物自動車運送事業輸送安全規則7条

　点呼は業務前、業務終了後の1日2回、基本的に対面で行います。

　法令に定められた事項について運転者に報告をしてもらい、実施者がその確認を行うことによって、運行の安全を確保するために必要な指示を与えるために実施します。

行政処分

▶点呼実施違反	
初違反：警告～100日車	再違反：10日車～200日車
▶アルコール検知器設置なし	
初違反：60日車	再違反：120日車
▶アルコール検知器常時有効保持義務違反	
初違反：20日車	再違反：40日車
▶点呼記録違反	
初違反：警告～60日車	再違反：10日車～120日車

180　　第4章　軽貨物運送業に関わる法令と制度改正

⑻ 一般的な指導及び監督

貨物自動車運送事業輸送安全規則 10 条 1 項

　法令に基づき、運転者が遵守すべき事項に関する知識のほか、事業用自動車の運行の安全を確保するため、必要な運転に関する技能及び知識を習得させるため、事業用自動車を運転する全員に対して行う必要があります。

行政処分

▶指導及び監督の違反	
初違反：警告～100 日車	再違反：10 日車～200 日車

⑼ 異常気象時等における措置

貨物自動車運送事業輸送安全規則 11 条

　異常気象などの理由により、輸送の安全の確保に支障を生ずるおそれがあるときは、事業者は乗務員等に適切な指示、その他輸送の安全を確保するために必要な措置を講じる必要があります。

行政処分

▶異常気象時等における措置違反	
初違反：警告	再違反：10 日車

4　引き続き軽貨物運送事業者が実施するべき事項　181

⑽ 乗務員の義務

貨物自動車運送事業輸送安全規則 16 条

　運行の安全のため、事業者だけでなく乗務員にも以下の義務が課されています。

・酒気を帯びて乗務しないこと
・過積載をした事業用自動車に乗務しないこと
・事業用自動車に貨物を積載するときは、偏荷重が生じないよう積載や荷崩れ等による落下を防止するためにロープやシートを用いて積載すること
・事業用自動車の故障等により踏切内で運行不能となったときは、速やかに列車に対し適切な防護措置をとること

⑾ 運転者の義務

貨物自動車運送事業輸送安全規則 17 条

　運転者は乗務員としての義務のほかに、以下の事項についても遵守することが求められます。

・酒気を帯びた状態にあるときは、その旨を貨物自動車運送事業者に申し出ること
・疾病、疲労、睡眠不足その他の理由により安全な運転をすることができないおそれがあるときは、その旨を貨物自動車運送事業者に申し出ること
・日常点検を実施し、又はその確認をすること
・業務前・業務後・中間点呼を受け報告をすること
・事業用自動車の運行中に自動車の重大な故障を発見したり、重大な事故が発生したりするおそれがあると認めたときは、直ち

182　第 4 章　軽貨物運送業に関わる法令と制度改正

に運行を中止し、事業者に報告すること
・乗務を終了して、他の運転者と交替するときは、交替する運転者に対し、当該乗務に係る事業用自動車、道路及び運行の状況について通告すること
・乗務終了後に他の運転者と交替するときは、自動車、道路、運行の状況について通告すること
・踏切を通過するときは、変速装置を操作しないこと

第 5 章

知っておきたい その他の制度

1 荷主勧告制度

貨物自動車運送事業法 64 条、65 条

荷主勧告制度とは、運送事業者が運転者の過労運転や過積載、速度超過など、**輸送の安全に関わる違反をし、運送事業者が行政処分された場合**に、その違反が以下のように**荷主の指示など具体的関与によるもの**であったときは、荷主に対して再発防止のための措置を講じるように荷主に対し勧告が行われる制度です。

① 荷主が勧告をされる荷主行為

■非合理的な到着時間の設定
荷主の都合で積荷の準備に時間がかかるなどしたにもかかわらず、到着予定時間を変更しないなど無理なスケジュールで運行を強要する行為
■やむを得ない遅延に対するペナルティの設定
悪天候や交通渋滞など運転者の責任ではない遅延に対し、ペナルティを科す行為
■積込み前に貨物量を増やすような急な依頼
出発直前に貨物量を増やすなど過積載を誘発させる行為
■荷主が管理する荷捌き場において、手待ち時間を恒常的に発生させているにもかかわらず、事業者の要請に対し、通常行

186　第 5 章　知っておきたいその他の制度

われるべき改善措置を行わない場合

　手待ち時間が常に発生するため事業者から改善要請があったにもかかわらず適切な対応をとらない行為

その他、荷主が事業者に対し、**違反行為を指示、強要等**

■荷主勧告に該当すると想定される荷主の主体的な関与の具体例
　荷主の関与についての調査（荷主勧告該当性調査）を実施

出典：国土交通省リーフレットより

② 荷主勧告の対象となる荷主

貨物自動車運送事業法2条8項

　荷主勧告の対象となる荷主は、以下のとおりです。
・荷物を発送する発荷主
・荷物を受け取る着荷主（荷受人）

・下請事業者に対する元請事業者

　軽貨物運送業は元請の運送事業者から配送依頼を受けて配送することも多いため、**元請事業者（＝元請運送事業者）も荷主勧告の対象**となるということは押さえておくべきポイントです。

③　勧告・公表

　軽貨物運送事業者の過積載運行や過労運転防止違反行為に荷主の関与が疑われる場合、運輸支局その他関係省庁により、荷主が取り交わしている契約書や日報記録、荷主へのヒアリングなどの調査が行われます。

　違反行為が荷主の関与によって行われたと判断されたときに、荷主に対して再発防止のための働きかけや要請を行い、要請しても改善されない場合、勧告を行い、荷主名と事案の概要が公表されます。

2 下請法
（下請代金支払遅延等防止法）

　下請法は親事業者が優越的な地位にあることを利用して下請け事業者に対して不当な扱いや要求をすることを規制して下請取引の公正化と下請事業者の保護を目的とした法律です※。

※　運送会社から運送業務の委託を受ける場合に適用されますが、荷主からの運送業務委託については下請法の適用外のため、その場合は物流特殊指定が適用されます（2025年中に荷主と運送事業者との取引きについても同法が適用される改正が行われる見込みです）。

(1) 親事業者、下請事業者とは？

　以下の定義に当てはまる事業者に適用されます。

■親事業者、下請事業者の定義（下請法2条7項、8項）

親事業者	下請事業者
資本金3億円超	資本金3億円以下（個人を含む）
資本金1千万円超3億円以下	資本金1千万円以下（個人を含む）

2　下請法（下請代金支払遅延等防止法）　189

⑵ 親事業者の義務

① 書面による取引内容の交付義務（3条）

親事業者は口頭での取引でのトラブル防止のため、取引内容の詳細を記載した書面を交付しなければなりません。

② 取引に関する書類の作成・保存の義務（5条）

取引が完了したら親事業者は取引に関する記録を作成し保存しなければなりません。

③ 支払期日を定める義務（2条の2）

親事業者は発注した物品等を受領した日から60日以内で下請代金の支払期日を定めなければなりません。

④ 遅延利息の支払い義務（4条の2）

親事業者は支払期日までに下請代金を支払わなかった場合は下請事業者へ遅延利息を支払わなければなりません。

⑶ 親事業者が下請事業者へ禁止されている主な行為（4条）

以下の行為は、下請事業者が了解していても違反行為となるものです。

① 下請代金を支払期日までに支払わない行為

② あらかじめ定めた下請代金を減額する行為

③ 類似品等の価格又は市価に比べて著しく低い下請代金を不当に定める行為（買いたたき）

④ 親事業者が指定する物・役務を強制的に購入・利用させる行為

⑤ 下請事業者が親事業者の不正行為を公正取引委員会等に知らせたことを理由として、取引数量の削減・取引停止等の不利益な取扱いをする行為

⑥ 有償で支給した原材料等の対価を、下請代金の支払期日より早い時期に相殺したり支払わせたりする行為

⑦ 下請事業者から金銭、労務の提供等をさせる行為

⑧ 費用を負担せずに注文内容を変更したり、受領後にやり直しをさせる行為

⑷　違反行為への取り締まりと罰則（6条、7条、9条、10条）

　下請事業者からの申立てや定期調査により違反行為があったと認められた場合、親事業者に対して改善や再発防止を実施するよう勧告が行われ、その旨が公表されます。また書面交付義務や立ち入り検査の拒否などの義務違反については最高50万円の罰金が科せられることがあります。

3　フリーランス保護法

　令和6年11月に、個人で事業を営んでいる事業者（フリーランス）を保護する目的で新しい法律ができました（特定受託事業者に係る取引の適正化等に関する法律。以下「フリーランス保護法」といいます）。

　これは、フリーランスが、安定して仕事ができる環境を整備することや、発注事業者との取引を適性化することを目的に、発注事業者に対して負うべき義務を定めた法律です。

(1)　法律の適用範囲

①　対象となる取引

　発注事業者からフリーランスへの、物品の製造、情報成果物の作成や役務提供などの「業務委託」（事業者間取引）が対象で、軽貨物運送事業の場合は、役務提供の委託に該当します。

　個人消費者を対象とした取引や、企業に対してでも売買取引など業務委託でない取引は対象外です。

②　この法律でいうフリーランスとは？

　業務委託を受ける側で、次のどちらかに該当する方をいいま

す。

・従業員を雇っていない個人事業主
・代表者以外の役員がなく、従業員も雇っていない法人（一人会社）

③　この法律でいう発注事業者とは？

業務委託を依頼する側の事業者をいいます。

Point

発注事業者には企業だけでなく、フリーランスも含まれています。

自身がフリーランスであっても、他のフリーランスへ業務委託をする場合は委託元のフリーランスは発注事業者になります。

(2)　発注事業者への主な義務

発注事業者のうち、フリーランスの場合は①のみ、代表者以外に役員がいる・従業員を雇っている場合は①〜⑦の義務が課されます。

①　書面・メール等による取引条件の明示（3条）

業務委託をする場合に、業務の内容、報酬の額、支払期日など9項目について、書面やメール、SNSのメッセージなどで明示しなければなりません。口頭での明示は認められていません。

3　フリーランス保護法　　193

② 報酬支払期日の設定・期日内の支払い（4条）

報酬の支払期日は役務の提供を受けた日から数えて60日以内のできる限り短い期間内で定め、その期日までに支払う必要があります。

ただし、元請けから発注事業者が受託した業務を、フリーランスへ再委託した場合、一定の条件を満たせば、元請けからの支払期日から起算して30日以内のできるだけ早い期間内での支払いを定めることもできます。

③ 禁止事項（5条）

フリーランスに対して**1か月以上**の役務提供を委託した場合には、以下の行為が禁止されています。

- ・報酬の減額（あらかじめ定めた報酬を減額すること）
- ・買いたたき（市場価格に比べて、著しく低い報酬を不当に定めること）
- ・購入・利用強制（指定する物・役務を強制的に購入・利用させること）
- ・不当な経済上の利益の提供要請（金銭、労務の提供等をさせること）
- ・不当な給付内容の変更・やり直し（費用を負担せずに注文内容を変更し、または役務提供後にやり直しをさせること）

④ 募集情報の的確な表示（12条）

広告などでフリーランスの募集を掲載するときは、虚偽や誤解

を生じさせる表示をしてはいけません。また、募集情報は正確かつ最新の内容である必要があります。

⑤　育児介護等と業務の両立に対する配慮（13条）

　フリーランスへ**6か月以上**の業務を委託している場合、フリーランスからの申出に応じて、育児や介護などと業務を両立できるよう、必要な配慮をしなければなりません。

⑥　ハラスメント対策に関する体制整備（14条）

　ハラスメントによりフリーランスの就業環境が害されないよう、相談対応のための体制整備や従業員へのハラスメント教育などの必要な措置を講じなければなりません。

⑦　中途解除等の事前予告・理由開示（16条）

　フリーランスに対して**6か月以上**の業務を委託している場合、その業務委託契約を解除・更新しないときは、少なくとも30日前までに、書面やメール、SNSのメッセージなどでその旨を予告しなければなりません。

（3）　違反についての申出

　フリーランスは、この法律に違反があったと思われる場合は行政機関に違反の申出を行うことができます。
　発注事業者は、フリーランスが違反の申出を行政機関にしたこ

とを理由として、取引の数量の削減、取引の停止、契約解除、その他の不利益な取扱いをしてはいけません（6条、17条）。

　申出や相談については、違反している内容によって担当行政機関が異なります。

〈申出・相談先〉

■「(2)　発注事業者への主な義務」の中の、①〜③についてはこちら↓

取引適正化に関する部分（法3条、4条、5条、6条）
（公正取引委員会）
https://www.jftc.go.jp/soudan/soudan/freelance.html

（中小企業庁）
https://www.chusho.meti.go.jp/keiei/torihiki/law_freelance.html

196　第5章　知っておきたいその他の制度

■「(2)　発注事業者への主な義務」の中の、④〜⑦については
こちら↓

就業環境の整備に関する部分（法 12 条、13 条、14 条、16 条、
17 条）

（都道府県労働局）

https://www.mhlw.go.jp/kouseiroudoushou/shozaiannai/roudoukyoku/index.html

■オンラインでの申出は違反内容にかかわらずこちらから↓
フリーランス・事業者間取引適正化等法の被疑事実についての
申出窓口（厚生労働省）

https://www.mhlw.go.jp/stf/seisakunitsuite/bunya/koyou_roudou/koyoukintou/zaitaku/freelance_moushide.html

(4) 違反があった場合の罰則

　違反した場合、発注事業者は行政から指導・助言や、必要な措置をとることを勧告されます。勧告に従わない場合には、命令・企業名の公表が行われます。さらに命令違反には 50 万円以下の罰金が科されます。

4　事業用自動車の共同使用

　軽貨物運送業を行うにあたっては、事業に使用する車両は事前に届出を行っている車両でなければなりません。このため、点検や故障など代車が必要な場合は、代車となる車両についても届出を行う必要があります。特に個人事業主の場合、保有台数が1台ということが多く、突発的な事故や故障では代車を用意することが困難で、点検や修理期間中は事業活動ができない事態になってしまうこともあります。
　このような事態を回避する措置として、**事業用自動車の共同使用**が認められています。共同使用については、個人事業主、法人ともに可能です。

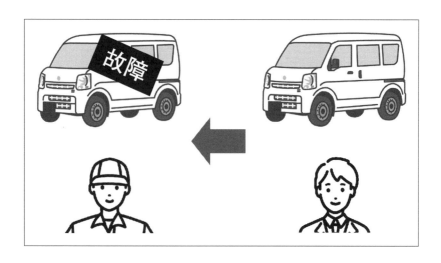

■共同使用についての注意

・共同使用は、法定点検や車検、故障修理時等の必要な期間に限定すること

・共同使用をするにあたり、任意保険等が適用されるのかなどを保険会社に確認し、損害賠償支払いに対応できる措置を講じること

・共同使用する事業者間において協定書等により必要な事項を事前に定めておくこと

・共同使用の車両の特性を把握し運行管理を適切に行うこと

■貨物軽自動車運送事業の用に供する事業用自動車の共同使用に関する協定書（ひな形）

（出典：「貨物軽自動車運送事業の用に供する事業用自動車の共同使用について」国自安第 178 号、国自整第 272 号、令和 6 年 3 月 29 日）

貨物軽自動車運送事業の用に供する事業用自動車の共同使用に関する協定書

　　　　　　　　　（以下「甲」という）と、　　　　　　　（以下「乙」という）の両者は、貨物軽自動車運送業に供する事業用自動車（以下「事業用自動車」）の共同使用に関して以下の条項を協定する。

（目的及び機関）

第 1 条　甲、乙は以下の目的、期間において、本協定に基づき甲の使用権原を有する次条の事業用自動車を乙が使用することについて同意する。（相互での共同使用の場合は「甲、乙それぞれが使用する事業用自動車について相互に使用することについて同意する。」に、次条以降（第 12 条及び署名欄を除く）の「甲」は「引渡者」に、

「乙」は「引受者」に置き換える）

目的：（例：車両修理の期間における輸送需要に対応する為）

期間：（例：○月○日、●月●日～×日）

（共同使用する事業用自動車と配置される営業所の位置）

第2条　本協定により共同使用する車両は以下の車両とする。

　例：品川400 り××××（使用者甲の車両）

　　　　配置営業所：東京都品川区東大井……

　　　　品川400 り▽▽▽▽（使用者乙の車両）

　　　　配置営業所：東京都千代田区霞が関……

（受け渡し方法）

第3条　共同使用する車両の受渡しは「受渡書」により行うものとする。受渡書は、甲にて作成発行し、乙が事業用自動車に乗務した運転者の氏名を記入し、当該車両を返却する際に甲へ返納するものとする。

　（受渡書記載例）

　引渡事業者名：

　引受事業者名：

　対象車両：

　引受日時：

　運転者：

　返納日時：

（運行管理及び車両管理の責任）

第4条　乙は、引受の期間中、善良な管理者としての注意義務をもって使用するとともに運行管理、車両管理を行わなければならない。又、第三者に事業用自動車を使用させてはならない。

⑴　乙は、前条による当該事業用自動車を引受けた日時より、その
　責任を負うものとする。

⑵　前項の引受期間中は、引受けた事業用自動車を自社の事業用自
　動車と同様に取扱い、『貨物自動車運送事業輸送安全規則』『運行
　管理規定』及び関係法令に基づき管理するものとする。

（車両整備の責任）
第5条　道路運送車両法及びその他関連法令に定められた車両の日常
　点検は乗務する者が責任をもって行うものとし、その実施内容を
　甲・乙双方であらかじめ確認するものとする。その他の整備及び車
　検登録関係等の車両管理等の責任は、個々の事業用自動車につい
　て、その自動車の使用者が負うものとする。

（甲の責任）
第6条

⑴　甲は、事業用自動車を通常の使用に耐えうるよう必要な点検・
　整備を怠ってはならない。また、引き渡し車両に特別の事情等が
　ある場合はその旨を乙に伝達するものとする。

⑵　前項の点検・整備又は伝達を怠り、若しくは事故発生等、有事
　における原因が引渡し前の欠陥に因ることが明白な場合には、甲
　がその損害について一切の責任を負うものとする。

（事故発生時の報告責任）
第7条　引受期間中に事故が発生した場合は、乙において速やかに行
　政当局へ報告を行うものとする。

（損害賠償の範囲）
第8条

⑴　乙は、引受期間中において事業用自動車の喪失、盗難、損害等が生じた場合は、一切の損害を甲に賠償する責任を負うものとする。

⑵　乙は、引受期間中において第三者を死傷せしめ、又は第三者の財産（積載物も含む）に損害を与えた場合は、その一切の責任を負うものとする。

⑶　乙は、事業用自動車の運行時等において事故が発生した場合は、速やかに甲に報告しなければならない。

（自動車保険の適用）

第9条　第8条⑴及び⑵の損害にかかる賠償について、乙は

　　　　　甲の自動車保険を使用できるものとする。

　　　　　乙の自動車保険を適用するものとする。

　　　　※加入している保険の適用範囲を確認し協議の上決定すること。

（使用料）

第10条　共同使用する事業用自動車の使用料は（例：1日あたり　　　円、無償）とする。

　　　　使用した燃料については双方の引渡し、引受けの際に満タンにすることとし、燃料費の清算は行わない。

（費用の負担）

第11条　引受期間中に必要な応急措置（軽微な修理）をした場合の費用は、乙の負担とする。また、軽微な修理に該当するか不明な場合、その他特別な費用が発生した場合は、都度協議により決定するものとする。

（協議）

第12条　本協定に定めのない事項については、甲・乙間で誠意を
　　もって協議し、その解決にあたるものとする。

　令和　年　月　日
（甲）

（乙）

第6章

軽貨物運送業の今後

今回この本をご覧になって、
「軽貨物運送業って、こんなにやらなければならないことがたくさんあるのか！」
と驚かれたのではないでしょうか。

　実は、義務付けられている項目は一般貨物運送業とそれほど変わりません。一般貨物運送業で選任が義務付けられている運行管理者が行うことと、今回新設された貨物軽自動車安全管理者が行うことはほとんど同じです。
　ただ、軽貨物運送業を営んでいるどれくらいの事業者がこのことを知っているかといえば、かなりあやしいのが現状です。義務事項を知らなくても届出をすれば営業できてしまうのが今までの軽貨物運送業でした。

　しかし、今回の法改正で、貨物軽自動車安全管理者の選任、特別指導、運転日報の作成義務、事故記録や重大事故報告書の提出など、ドライバーに対する教育強化や、日々の運行管理に関しての規制が強化され、一般貨物運送業並みの運行管理体制が求められることになりました。
　そしてこれらが適正に実施されているのかをチェックする行政監査について、今回の法改正で新たに軽貨物運送業が監査計画の対象に入れられ、行政からのチェックも強化されています（自動車運送事業等監査規則1条、4条3項）。

■「自動車運送事業等監査規則」新旧対照表（2025.4.1 改正）

新	旧
（この省令の適用） 第1条　自動車運送事業及び自動車整備事業についての監査並びに自家用自動車の使用についての監査（以下「監査」という。）は、この省令の定めるところによつてしなければならない。	（この省令の適用） 第1条　自動車運送事業**（貨物軽自動車運送事業を除く。以下同じ。）**及び自動車整備事業についての監査並びに自家用自動車の使用についての監査（以下「監査」という。）は、この省令の定めるところによつてしなければならない。
（監査計画） 第4条　（1項、2項略） 3　地方運輸局長及び運輸監理部長又は運輸支局長は、**貨物軽自動車運送事業及び**自家用自動車の使用に関する監査計画を定めなければならない。	（監査計画） 第4条　（1項、2項略） 3　地方運輸局長及び運輸監理部長又は運輸支局長は、自家用自動車の使用に関する監査計画を定めなければならない。

　今後予想されることとして、軽貨物で重大な交通事故を起こしたり、飲酒やひき逃げなどの悪質な違反などをきっかけとして、軽貨物運送事業者への運輸局の監査が実施されるようになるでしょう。そして違反があった場合は行政処分が科されることにな

207

ります。

　今回追加された行政処分で一番重いものが、貨物軽自動車安全管理者の選任違反です。違反した場合、業務停止処分となります。また、刑事罰として100万円以下の罰金も定められています。

　今回の法改正で強化されたことは安全対策についてです。ですので、安全運行を目的に定められている義務については、特に厳しくみられることになるだろうと予想します。

　今後は今までのように、やるべきことをせずにやり過ごすことはできなくなります。

　軽貨物運送事業者には、今回の法改正をきっかけに、安全運行の知識を身に付け、その知識を日々の業務で実践していくことが求められています。

　今すぐにすべてのルールをクリアするのは難しいことです。しかし、こういったルールがあるということを知り、できるところからはじめていきましょう。また現実問題として、荷主の協力なしに運送事業者だけではルールを守ることはできません。個人事業主なのだから長時間働いても大丈夫だろう、とか、働く時間が短いと稼げないといった声は今でもいろいろなところで耳にします。まずは軽貨物運送事業者が正しい知識を身に付け、法令順守で事業を行うためには、どういった運行が必要なのか、そのために必要な運賃はいくらが適正なのかを知ることが大切で、それを根拠としエビデンス（証拠やデータ）を示しながら荷主と交渉することも必要です。

　そして軽貨物運送業に携わる一人ひとりが、プロとしての責任と、日本の社会や経済、国民の生活を支える基盤として重要な役割を担っているという誇りをもって業務にあたっていただければ、魅力ある業界に発展していくことだろうと思います。

著者略歴

内藤 由紀子（ないとう ゆきこ）

大手物流企業のカスタマーサービス部門に9年間、軽貨物運送業の会社に7年間従事する。軽貨物運送業の会社では、経営、ドライバー管理、配送業務などを経験し、取締役となる。

軽貨物運送会社勤務中の2016年に社会保険労務士登録。

2022年、宅配ドライバーの養成をメインとする法人、株式会社IKUを設立。同年、一般社団法人全国軽貨物協会設立メンバーとして初代理事に就任し、2024年まで理事を務める。

現在は社会保険労務士業、ドライバー養成と軽貨物運送事業を運営し、軽貨物運送事業者の地位向上のため活動中。

これだけ押さえておけば大丈夫！
軽貨物運送業 運営・管理ハンドブック　　令和7年4月20日　初版発行

日本法令®

　　　　　　　　　　　　　　　　　　検印省略
　　　　　　　　　　　　　著　者　内　藤　由紀子
　　　　　　　　　　　　　発行者　青　木　鉱　太
〒 101 − 0032　　　　　　編集者　岩　倉　春　光
東京都千代田区岩本町1丁目2番19号　印刷所　日本ハイコム
https://www.horei.co.jp/　　　　　　　製本所　国　宝　社

（営　業）　TEL　03 − 6858 − 6967　　Ｅメール　syuppan@horei.co.jp
（通　販）　TEL　03 − 6858 − 6966　　Ｅメール　book.order@horei.co.jp
（編　集）　FAX　03 − 6858 − 6957　　Ｅメール　tankoubon@horei.co.jp

（オンラインショップ）　https://www.horei.co.jp/iec/
（お詫びと訂正）　https://www.horei.co.jp/book/owabi.shtml
（書籍の追加情報）　https://www.horei.co.jp/book/osirasebook.shtml

※万一、本書の内容に誤記等が判明した場合には、上記「お詫びと訂正」に最新情報を掲載
　しております。ホームページに掲載されていない内容につきましては、FAXまたはＥメー
　ルで編集までお問合せください。

・乱丁、落丁本は直接弊社出版部へお送りくださればお取替えいたします。
・JCOPY〈出版者著作権管理機構 委託出版物〉
　本書の無断複製は著作権法上での例外を除き禁じられています。複製される場合は、その
　つど事前に、出版者著作権管理機構（電話 03-5244-5088、FAX 03-5244-5089、
　e-mail: info@jcopy.or.jp）の許諾を得てください。また、本書を代行業者等の第三者に依頼
　してスキャンやデジタル化することは、たとえ個人や家庭内での利用であっても一切認め
　られておりません。

© Y. Naito 2025. Printed in JAPAN
ISBN 978-4-539-73101-7

3訂版
貨物自動車運送事業書式全書

行政書士 鈴木 隆広・特定社会保険労務士 先山 真吾 共著
A5判・1,092頁　定価7,700円（本体7,000円＋税）

トラック運送業の許認可，運営に関する手続きと書式約200点を収録！
トラック運送業の書類作成と申請実務の決定版といえる1冊！

　本書は，新規開業から廃業までの間に必要となる書式を収録し，記載内容，添付書類，提出時のノウハウに至るまで丁寧に解説しています。
　3訂版では，時間外労働上限規制に対応した内容に改めるとともに，合併認可申請手続について充実させました。
(書籍・R6年9月刊)

主な内容
- ●一般貨物自動車運送事業の許認可・運営に関する書式　●第一種貨物利用運送事業の許認可　●貨物軽自動車運送事業の届出　●運送契約　●ドライバーの労務管理　●巻末資料

労使トラブル円満解決のための
就業規則・関連書式 作成ハンドブック

弁護士　西川 暢春 著
B5判・1,296頁　定価9,680円（本体8,800円＋税）

　本書は，就業規則について「そのまま使える規程例」（付属CD-ROM）を示したうえで，就業規則の文言の細部について裁判所がどのような判断をしているか，それを踏まえてどのように就業規則を作るべきなのかについて詳説しています。
　また，就業規則の運用のために必要な実用性の高い労務関連書式を80掲載し，これらについても裁判例を示しながら詳細に解説します。
(R5年11月刊)

主な内容
- ●労使紛争予防のためにどんな就業規則を作るべきか　●円満解決志向型就業規則の解説　●意見聴取と周知　●就業規則の効力とその制限　●円満解決志向型労務関連書式とその解説

職業別 雇用契約書・労働条件通知書
作成・書換のテクニック

第一芙蓉法律事務所　弁護士 浅井隆・弁護士 池田知朗・弁護士 荒井徹・弁護士 林拓也 共著　A5判・620頁　定価6,270円（本体5,700円＋税）

2024年4月施行 労基則等改正対応　労働条件明示のルールが変わる！
　2024年4月より，労働契約の締結・更新時にはすべての労働者に対して「就業場所・業務の変更の範囲」の明示が必要になるなど，労働条件明示のルールが変更されました。
　本書は，上記改正を踏まえ，業種・職業，雇用形態ごとに雇用契約書・労働条件通知書の作成のポイントを解説していきます。
(書籍・R6年3月刊)

主な内容
- ●総論　●各論（運輸業（ドライバー）／海上労働／建設業／製造業／警備業／漁業・養殖業／飲食業／宿泊業／農業／林業／教育／医療／介護・福祉）

書籍のご注文は株式会社日本法令　出版課通信販売係または大型書店、Web書店まで
Tel：03-6858-6966　　Fax：03-6858-6968

4訂版 人事・労務 ビジネスフォーム全書

社会保険労務士「高志会」グループ 著　A5判・536頁　定価4,950円（本体4,500円＋税）

採用から日常業務，休職・退職，労使協定まで，さまざまな業務シーンに対応！
働き方の多様化にも対応した，充実の443書式！［Word，Excelで使えるCD-ROM付き］
労働条件通知書（雇用契約書），出生時育児休業（産後パパ育休），同一労働同一賃金，週休3日制，リスキリング，ワーケーション，デジタル給与…etc，事務の効率化に効く！

（書籍・R6年4月刊）

主な内容
●社員の募集・内定・採用　●労働契約　●給与・賞与・退職金　●労働時間・休憩・休日　●休職者対応・健康管理　●育児休業・介護休業　●人事（異動・考課等）　●内部通報・コンプライアンス　●企業秩序・懲戒・表彰　●労働契約の終了，退職　●各種社内申請・報告・届出　●労使協定書・就業規則関連　ほか

高年齢労働者の労務管理と戦略的活用法

社会保険労務士　川嶋 英明 著
A5判・284頁　定価3,300円（本体3,000円＋税）

人手不足や法制度改正等に対応するため，企業においてはさらなる高年齢労働者の活用が急務となっています。本書では，年金制度や同一労働同一賃金，高年齢者雇用安定法など，高年齢労働者に関連する各種法制度を踏まえつつ，企業が従来の雇用慣行や労務管理を見直していくための方針や制度設計の考え方を示します。

（R7年3月刊）

主な内容
●高年齢労働者と関連する法制度　●同一労働同一賃金と高年齢労働者　●高年齢労働者の労務管理と方針，制度設計　●具体的な対応例　●巻末資料（嘱託職員就業規則ほか）

改訂版 産休・育休制度の実務がまるっとぜんぶわかる本

特定社会保険労務士　島 麻衣子 著
A5判・360頁　定価3,740円（本体3,400円＋税）

2025年4月・10月施行の改正法に完全対応！
産休・育休制度の実務をわかりやすく解説した好評書籍の改訂版！
担当者がすぐに把握できるように，妊娠，出産，育児にまつわる制度，2025年施行の改正育児・介護休業法対応の実務を完全に網羅しています。
規定例や社内様式のポイントについても徹底解説！

（R7年2月刊）

主な内容
●制度解説編　●法改正編　●法改正を踏まえた実務編　●実務で使えるツール編

書籍のご注文は株式会社日本法令　出版課通信販売係または大型書店，Web書店まで
Tel：03-6858-6966　　Fax：03-6858-6968